Meiner Familie

Christoph-Maria Liegener

poetix – der zweite Versuch

© 2014 Christoph-Maria Liegener

Autor: Christoph-Maria Liegener

Umschlagbild: Christoph-Maria Liegener

Zwischenlektorat: Media-Agentur Gaby Hoffmann

ISBN: 978-3-7323-1248-1 (Paperback)
978-3-7323-1249-8 (Hardcover)

Inhalt

Vorwort

Dies ist eine neue Version des Buches „poetix – ein Pseudo-dichter", ein zweiter Versuch, sich dem Thema „poetix" zu nähern. Es ist mehr als eine neue Auflage. Nicht nur, dass der Titel ein anderer ist und der Inhalt wesentlich umfangreicher als der des ersten Buches, nein, der ganze Tenor der Besprechung wurde geändert.

Der im ursprünglichen Text vorherrschende satirische Tonfall war auf Kritik gestoßen. Offenbar ist zu streng mit poetix ins Gericht gegangen worden. Es wurde die Befürchtung geäußert, dass die Gemeinde der Internet-Dichter insgesamt sich angegriffen fühlen könnte. Der Umgang mit poetix rief geradezu Aggressivität hervor. Etwas weniger Defätismus wurde gewünscht.

Dem trägt die vorliegende neue Fassung Rechnung, indem nun nicht mehr eine ironische, sondern eine sachliche Haltung poetix gegenüber eingenommen wird. Die Hoffnung ist, dass so die Werke selbst wieder mehr ins Zentrum der Aufmerksamkeit rücken mögen.

Poetix – auf den Spuren eines Internet-Dichters

Um wen geht es hier? Wer ist oder war dieser poetix? Man weiß nicht viel von ihm. Was bekannt ist: Er schrieb Gedichte und tauchte eines Tages im Internet-Lyrikforum Leselupe auf, später auch im Gedichte-Eiland, der Lyrikecke und anderen.

Man könnte sagen: Er ist ein willkürlich herausgegriffener Internet-Dichter. In dieser Eigenschaft kann er als Repräsentant einer ganzen Klasse heutiger Dichter angesehen werden, die sich im Internet tummeln. Natürlich lässt sich nicht alles über einen Kamm scheren, jede Dichterin, jeder Dichter ist ein Individuum. Aber es gibt Gemeinsamkeiten, Charakteristika dieser neuen Generation von Dichtern, für die sich durch exemplarische Betrachtung eines Einzelnen ein Gespür entwickeln lässt. Dazu später mehr.

Natürlich war „poetix" nicht sein richtiger Name, sondern sein Nickname in den Foren. Klein geschrieben, wohl aus Gründen der Bequemlichkeit beim Tippen am Computer. Und der Name? Vielleicht wäre er gern Dichter in dem bekannten kleinen gallischen Dorf gewesen, in Verehrung von Goscinny und Uderzo. Ein Dichter, aber kein Barde, wenn man das unterscheiden will; denn im Gegensatz zum dort ansässigen Barden war er kein Sänger. Zumindest ist kein Sänger seines Namens bekannt; ob er zuhause unter der Dusche gesungen hat, weiß man nicht. Auch ergibt sich nicht sofort, ob er damals erst angefangen hat zu schreiben. Er trat jedenfalls in den Lyrik-Foren unter dem Namen poetix auf. War er also ein Dichter?

Was ist ein Dichter? Ist es einer, der das Dichten zu seinem Beruf gemacht hat oder zumindest zu seinem Lebensinhalt? Den armen Poeten kannte schon Spitzweg. Man kann Dichter sein, ohne dass es für den Lebensunterhalt reicht. Nur wenige können mit der Publikation ihrer Schreiberzeugnisse Geld verdienen? Journalisten fallen einem ein, aber Journalismus produziert keine Literatur im engeren Sinn. Mit Literatur richtig verdienen tun meist diejenigen, die sowieso schon bekannt sind, von denen man viel gehört oder gelesen hat und gern mehr wissen möchte. Es sind die sogenannten Prominenten, die letztlich an ihrem Namen verdienen. Dabei kann es diejenigen geben, die gar nicht selbst schreiben, sondern das Schreiben den Ghostwritern überlassen. Die Ghostwriter, klar, sie verdienen etwas Geld mit ihrer Schreiberei. Nur ist das, was sie schreiben, normalerweise keine Lyrik. Dann gibt es die paar Glückspilze, die tatsächlich selbst Bestseller schreiben. Sie sind selten, aber es gibt sie. Noch seltener allerdings, wenn man von Lyrik spricht. Da muss man schon einen Nerv der Zeit treffen. Man könnte sich streiten, ob das dann Glück ist oder ein genialer Geistesblitz. Bei poetix hatte sich weder das eine noch das andere eingestellt. Das lässt sich daraus schließen, dass er bisher nicht in den Bestsellerlisten aufgetaucht ist. Also musste er irgendwie in der Lage gewesen sein, sein Leben auf andere Weise zu finanzieren. Wie er das machte, bleibt sein Geheimnis. Hatte er einen bequemen Job und schrieb nach Feierabend? Schrieb er gar heimlich während der Arbeitszeit? War er Hartz-IV-Empfänger und hatte den ganzen Tag Zeit? Oder Lehrer, oder Rentner? Wie auch immer, von seiner Dichtung lebte er offenbar nicht.

Es ist nicht einmal notwendig, die Gedichte zu seinem Lebensinhalt zu machen, um ein Dichter zu sein. Es gibt viele Hobbydichter. Wir würden heute jeden, der Gedichte schreibt, als Dichter bezeichnen. Dichtung im weiteren Sinn umfasst zwar mehr als nur Gedichte, aber bei einem Dichter denkt man doch meist an die letzteren. Wenn man will, kann man auch einschränken, dass nur gute Gedichte gemeint sein sollen. Was ist ein Gedicht, wann ist es gut? Ins Auge springt, dass offenbar auf begrenztem Raum Sprache kondensiert wird, verdichtet also. Daher auch die falsche vulgäretymologische Interpretation über „verdichten". (Die richtige über das mittelhochdeutsche „tihten" = „schaffen" erscheint demgegenüber blass.) Aber wann ist so ein Gedicht gut? Da könnte man die Literaturkritiker und Germanisten fragen und würde trotzdem im Einzelfall unsicher sein. Natürlich ließe sich bei handwerklichen Fehlern argumentieren, dass ein Gedicht objektiv „schlecht" sei. Aber selbst wenn ein Gedicht handwerklich in Ordnung ist, muss es noch lange nicht „gut" sein. Die Wertung „gut" hängt zu einem großen Teil vom Geschmack des Lesers ab, ist subjektiv. So lässt sich objektiv nicht immer feststellen, ob ein Gedicht gut ist. Demnach wäre es sinnvoller, die Bezeichnung „Dichter" wieder von der Qualitätsbeurteilung „gut" zu lösen und lediglich das Abfassen von Gedichten zum Kriterium zu machen. Dann brauchte man sich nicht mehr zu streiten und könnte konstatieren: poetix ist ein Dichter.

Können wir überhaupt über eine reale Person reden, die hinter poetix steckte? Gab es da tatsächlich jemanden oder war es eine ganze Gruppe Verschworener? War er ein künstliches Konstrukt wie Bourbaki? Oder war er ein Computer, gar ein Cyborg? Es wurde gesagt, poetix sei ein Pseudodichter. Dagegen regte sich Widerspruch und nicht zu Unrecht. Die Bezeichnung ist abwertend und täte ihm Unrecht, was seine Rolle betrifft. Sie ließe sich vielleicht damit begründen, dass er uns nicht in der Realität begegnet, sondern nur virtuell, im Internet, dass sein Name ein Pseudonym ist. Trotzdem ist die Bezeichnung missverständlich und könnte die Gefühle derer verletzen, die sich in ähnlicher Weise wie poetix betätigen und sich durchaus als Dichter fühlen (zu Recht).

Da poetix nur virtuell in Erscheinung tritt, lässt sich keine Geschichte über ihn erzählen, nur eine Geschichte der Gedichte, der Werke, die er geschrieben hat. Man kann das heraussuchen, was an Texten (mehr oder weniger verborgen) von ihm im Netz zu finden ist. (Es haben sich tatsächlich noch weitere Quellen gefunden, die hier nicht genannt werden sollen.) Dies hier ist der Versuch, daraus das Bild einer Person zu konstruieren, in der Annahme, es wäre die Rekonstruktion einer real existierenden Person. Natürlich lassen sich die Texte nur so weit analysieren, wie sie es zulassen. Was verschwiegen werden sollte, wird nicht zu Tage gefördert werden können.

Also zu den Werken. Sie werden im Folgenden vorgestellt und kommentiert, manchmal ausführlicher, in anderen Fällen wird auf einen Kommentar verzichtet werden, entweder, um ein Werk nicht zu zerreden, oder, weil sich ein Kommentar erübrigt. Dann wieder kann in gewissen Fällen das jeweilige Werk in Beziehung zu seinem Autor gesetzt werden, psychologische Detektivarbeit geleistet werden.

Am Anfang steht das folgende Gedicht (von der Form her ein Sonett).

Der dunkle Fluss

Die Tränen, die der Berg dem Land geschenkt:
ein Fluss, der dunkler ist als jede Nacht.
Von Traurigkeit wird er hervorgebracht,
von Leiden in die Welt hinausgelenkt.

Doch kann er nicht an einem Orte bleiben,
die Dörfer, Wälder, Wiesen kommen, gehen.
Es rauscht der Fluss und strömt und will doch stehen
und windet sich und lässt sich haltlos treiben.

Die Ufer schwinden, schilfumflort und seicht,
umspült von Fluten, die sich weit ergießen,
von alten Träumen, die nun leiser fließen.

Der Fluss, der nie sein fernes Ziel erreicht,
verweilt noch, um dann sanft hinausgezogen
und eins zu werden mit den Meereswogen.

Der dunkle Fluss, der schon im Titel steht, ist offenbar eine
Metapher für das Leben, dunkel, weil unbekannt, undurchsich-

tig, geheimnisvoll. Die Geburt, das Eintreten in die Welt, wird als ein trauriges, leidvolles Ereignis beschrieben, eine Sicht, die an den Buddhismus erinnert. Der dunkle Fluss symbolisiert damit von Anfang an das unermessliche Weltleid, nicht nur das eigene, auch das der ganzen Menschheit.

Der Lebensfluss führt uns weiter. Das Hin und Her der Welterfahrung in der Jugend geht über in ein rauschhaftes Getriebenwerden in der fortschreitenden Karriere. Dann kommt der Lebensabschnitt der Reife, des Alterns, des Nachlassens der Dränge, der Träume, das Gehenlassen von Zielen. Schließlich das Ende, der Tod als ein Eingehen in etwas Größeres. Ende der Zeitlichkeit. Das Atman ist eins mit dem Brahman. Tat tvam asi (das bist du). Anscheinend war poetix beeinflusst von der indischen Philosophie. Derartige Motive tauchen aber auch bei den christlichen Mystikern auf.

In welcher Phase seines Lebens hat poetix dieses Gedicht geschrieben? Aufgrund der abgehobenen Sicht auf das Jugendalter könnte man meinen, poetix hätte jenes Alter zum Zeitpunkt des Schreibens bereits überwunden. Möglich wäre, dass die Entstehung des Gedichts sich über mehrere Lebensabschnitte erstreckt hat. Das bleibt ungelöst. Jedoch kann man immerhin vermuten, dass poetix zum Zeitpunkt der Fertigstellung nicht mehr ganz jung war.

Das nächste Gedicht kommt in dreihebigen Amphibrachen daher. Es könnten andererseits jeweils drei durch einen Auftakt eingeleitete Daktylen sein, wobei der dritte katalektisch ist; wer weiß das so genau? Wenn es Zweifel gibt, wählen wir nach Ockhams Vorschrift die erste Variante.

Schatten

Die Schatten der Waldstraße ziehen
zum flackernden Schein der Laternen.
Verloren: Sie möchten noch fliehen
und können sich nicht mehr entfernen.

Wenn Schatten die Blicke berühren,
ergreift dich die Angst eines Kindes.
Den nächtlichen Schauer zu spüren,
vertrau nur der Fremdheit des Windes.

Du sehnst dich den Wolken entgegen,
den Wettern ein Opfer des Raubes.
Was bleibt, ist nur strömender Regen
im Rauschen sich neigenden Laubes.

Es stellen die Schatten die Frage,
die Nacht hilft, die Antwort zu finden:
Allein bist du, träum nicht vom Tage,
doch sieh, die Gewitter entschwinden.

Die Pflaume und die Fliege

Die Pflaume hing am Baume
und hielt sich nicht im Zaume.
Auf einmal fiel sie runter,
da war die Wiese bunter.
Dort unten blieb sie liegen,
umschwirrt von vielen Fliegen.
Sie faulte vor sich hin,
mit einer Made drin.

Verpuppte sich die Made,
so war das gar nicht schade,
kroch doch aus dieser Wiege
das kleine Kind der Fliege.
Drosophila hieß sie,
das unverschämte Vieh.

Da werden manche fragen:
Was soll uns das denn sagen?
Die Antwort ist nicht schwer:
Es gibt ne Fliege mehr.

Da wir schon bei der Natur sind, kommt jetzt noch Regen dazu.

Regen

Der Regen kommt ganz leise, sacht,
wobei er lächelnd, zauberhaft,
die alte Erde fruchtbar macht.

In junge Bäume schießt der Saft,
die Zweige werden hochgebogen.

Geschlossnen Auges freu ich mich,
das Moos ist feucht und vollgesogen,
der Schoß der Schöpfung öffnet sich,
daniederliegend dumpf in Schwere,
bedeckt das nackte Felsgestein
und lässt die ganze Welt hinein,

als ob es alles Regen wäre.

Ist das etwa zweideutig? Die Fruchtbarkeit, die dieser Regen bringt, ist ja schon fast erotisch.

Der Bergsee

Der See ruht heilig und vom Berg geborgen,
ein stiller Hort geheimnisvoller Zeichen.
Er weckt Gefühle, die ich will und spüre,
wenn ich das kühle Wasser sanft berühre,
aus Tiefen, die wir Menschen nie erreichen,
entstiegen, ohne Heute oder Morgen.

Das Wasser hat der Himmel uns geliehen,
wir ehren es am Hochaltar auf Erden.
Im Hochtal schwebt der See seit frühen Zeiten
als Opferschale der vom Tod Befreiten,
als Seelentränke für die Menschenherden.
Sein Wasser lässt die bösen Geister fliehen.

Das Weltall spiegelt sich im Wasser wider,
wir können all die fernen Sterne sehen.
Man kann auf solche Spiegelwelten hoffen,
das Tor zu ihnen halten wir ja offen,
wenn wir in klarer Nacht am Bergsee stehen.
Von weitem hören wir die eignen Lieder.

Auch das ein Naturerlebnis, dargestellt in fünfhebigen Jamben mit doppelt umarmendem Reim. Unklar erscheint die Herkunft des Wassers. Einmal ist es aus der Tiefe entstiegen, einmal vom Himmel geliehen. Ein Widerspruch? Nicht unbedingt, der Himmel ist ja nicht nur der sichtbare Himmel über uns, sondern auch metaphorisch die höhere Gewalt. Die Tiefe andererseits mag bildlich für Menschen unerreichbar sein, ist aber noch irdisch, gehört zum Herrschaftsbereich des Himmels – die Hölle ist sicherlich nicht gemeint. Die Tiefe führt in unser innerstes, zeitloses Ich, das den Himmel ehrt. So löst sich der scheinbare Widerspruch und führt zu einer transzendentalen Synthese. Dialektik?

Die Stimmung ist feierlich, meditativ, geheimnisvoll, geradezu religiös. „Himmel", „Hochaltar", „Opferschale", „vom Tod befreit" ... fast wie in der Kirche, wäre da nicht die „Seelentränke für die Menschenherden". Das ist von der Tendenz her ironisch. Und wenn Religion, dann handelt es sich nicht um eine bestimmte Religion. Man ist allem Anschein nach frei von jeglicher Organisation, kann gleichzeitig an christliche Motive, Zen-Buddhismus oder Naturreligionen denken. Sogar von bösen Geistern ist die Rede. Wird es hier spirituell? Jedenfalls gibt es dem Gedicht einen esoterischen Touch.

Von der Esoterik wieder zum Irdischen, Alltäglichen. Da wäre ein Gedicht über die Ehe, genauer über die Ehefrau. Der Humor steht im Mittelpunkt, nicht die Kunst. Daher einfach gehalten, fünfhebige Trochäen mit schlichtem Paarreim.

Die beste Frau

Für Heike

Als der Herrgott einst die Frau gemacht,
hat er sich die Sache so gedacht:
Adam möge Eva gut beschützen,
umgekehrt soll sie ihn unterstützen.
Was kann diesem Paar dann noch misslingen?
Fröhlich schon die Hochzeitsglocken klingen!

Wird der Ehealltag Adam schmecken?
Ganz begeistert wird er das entdecken,
macht ja auch, was immer Eva will,
wundert sich, warum, und schweiget still.
Dafür liebt die Frau den Mann nicht bloß,
schenkt ihm auch noch Kinder, zieht sie groß.

Hausfrau, Mutter, mitten im Gewühl,
das noch gut gelaunt und mit Gefühl,
Tatkraft zeigen überall und helfen:
Frauen sind so märchenhaft wie Elfen.
Jeder Mann denkt schließlich still bei sich:
Welch ein Glück, die beste Frau hab ich.

Jetzt weiß man schon mehr über poetix: Er war verheiratet und liebte seine Frau. (Vielleicht gibt es ihn heute noch und er liebt sie immer noch.) Hoffentlich liebte er sie nicht nur aus Bequemlichkeit. Nein, so wird es nicht gewesen sein. Schließlich hielt er sie für die beste Frau der Welt. Es ist ja nicht verkehrt, dass er unter anderem die Leistungen seiner Frau zu schätzen wusste. Ist Heike der Name seiner Frau oder ist es ein Deckname wie Lesbia für Clodia bei Catull?

Das Gedicht ist bodenständig, manche würden sogar sagen: spießig, weil das Verhältnis zwischen Mann und Frau so beschrieben wird, wie es seit Jahrhunderten gesehen wurde. Die Rollenverteilung ist traditionell, zugleich so, dass beide zufrieden sind: Die Frau setzt ihre Wünsche auf ihre Weise durch und der Mann bekommt dafür sein geordnetes Familienleben. Glücklicherweise ist es in der heutigen Zeit erlaubt, auch die traditionelle Rollenverteilung zu leben, wenn sie einem gefällt. Die Liebeserklärung in der letzten Strophe scheint jedenfalls ernst gemeint zu sein.

Herbst

Die folgenden Gedichte sollen nach Jahreszeiten sortiert werden. Die Jahreszeiten als Gedichtthema erlebten einen Höhepunkt in der Naturlyrik der Romantik. Dabei stand das Naturerlebnis im Vordergrund. Die Jahreszeiten dienten als Symbol für allgemeine Lebensumstände, z.B. der Frühling für das Erwachen, den Neubeginn. Vor allem war in dieser Hinsicht der Herbst beliebt, ein Gleichnis für die Vergänglichkeit, das nahe Ende, aber auch die Sehnsucht nach Erlösung; Herbstgedichte sind meist von Melancholie geprägt. Dieses Thema ist nicht nur in der Romantik beliebt. Einige der schönsten Gedichte der deutschen Sprache sind Herbstgedichte. Spontan fällt einem Rilke ein. Warum also nicht mit dieser Jahreszeit beginnen? Zunächst mit einem Haiku. Das Haiku ist ein Kurzgedicht, entstanden in Japan. Es besteht normalerweise aus drei Zeilen, früher mit Längen von 5 – 7 – 5 Silben. Die Silbenzählung ist in der deutschen Dichtung in jüngerer Zeit zugunsten kürzerer Zeilenlängen aufgegeben worden. Der Grund ist, dass die japanischen Lauteinheiten wesentlich kürzer als die deutschen Silben sind, was bei 5 – 7 – 5 zu einer Überlänge der Zeilen im Vergleich zu den Vorbildern führen würde.

Springkraut –

Warten auf

Berührung

Das Bild, das hier aufgerufen wird, beinhaltet eine Erwartung, das Platzen der Frucht durch die Berührung. Ein kleiner

23

Schmetterlingseffekt: die sanfte, kaum merkliche Berührung und das dadurch bewirkte gewaltige Aufplatzen der Frucht des Springkrauts. Durch die kleinste Handlung können wir Unabsehbares bewirken. Man denkt auf der anderen Seite unwillkürlich an einen lieben Menschen, an ein Warten auf Zärtlichkeit. Dann die Fruchtbarkeit, das Platzen der Samenkapsel. Ist das im Sinne eines Haiku? Ja, denn es löst einen Nachhall im Kopf des Lesers aus. Das Haiku beschreibt nur die Natur, einen konkreten Moment des Wartens, es kann unmittelbar vor der Berührung sein oder auch lange davor. Das wird nicht gesagt, wie überhaupt nicht viel explizit gesagt wird. Dass die Jahreszeit Herbst ist, muss sich der Leser selbst erschließen, aus der bedeutungsschwangeren Kombination von Springkraut und Berührung.

Jetzt zu einem konventionellen Herbstgedicht von poetix, geschrieben in dreihebigen Jamben mit Wechselreim.

Herbst

Es reift die Frucht am Strauch,
der Ernte kommt die Zeit,
die Zeit des Abschieds auch –
das Gute steht bereit.

Vom Wind spürt man den Hauch;
wer will Kartoffeln klauben?
Von Feuern steigt der Rauch,
verkündet, was wir glauben.

In all den Erntesegen
gelingt es einzutauchen –
und das zurückzulegen,
was wir im Winter brauchen.

Die Blätter auf den Wegen
von Bäumen, die so lauben:
Der Besen wird sie fegen,
bevor sie dort verstauben.

Der Rauch verkündet, was wir glauben? Der Rauch steigt
von da auf, wo jemand sein Kartoffelfeuer abbrennt. Er verrät,

verkündet damit dessen Anwesenheit. Wie aber dessen Glauben? Vielleicht im übertragenen Sinn, wenn der Betreffende beim Kartoffelfeuer seine Gedanken schweifen lässt, über seine Überzeugungen, seinen Glauben nachdenkt.

Wie gesagt gibt es viele Herbstgedichte und die meisten verwenden den Herbst als Symbol der Vergänglichkeit. Es handelt sich um ein gebräuchliches Vanitasmotiv. Insofern ist ein Herbstgedicht wie dieses nicht originell. Andererseits, mit Goethe: „Erlaubt ist, was gefällt." (Da das Publikum, dem es gefallen soll, nicht homogen ist, käme es auf die Mehrheitsverhältnisse an zwischen jenen, denen es gefällt, und den anderen, denen es nicht gefällt – kaum vorherzusagen.)

Blätter im Herbst

Blätter sprechen

von Sternen und vom All ...

das Flüstern einer Frau –

ein Abschied, den wir kennen,

wenn Liebende sich trennen.

Die Luft schmeckt bitter-lau

nach Sehnsucht und Verfall.

Blätter rascheln

am Boden zwischen Füßen,
wie einst in Kindertagen.
Was damals ich getragen,
dafür muss ich nun büßen.

Blätter trudeln:

Mit ihnen aus der Zeit
wünsch ich davonzuschweben,
um dann, entrückt ganz weit,
im Nirgendwo zu leben.

Noch ein Herbstgedicht, dem ersten nicht unähnlich. Das Thema scheint poetix nahegelegen zu haben. Wieder ist die Form ziemlich konventionell, inhaltlich bleibt es bei dem, was jedem zum Thema Herbst einfällt.

Ist diese Feststellung ein Vorwurf und, wenn ja, ist er be-rechtigt? Muss man immer etwas Neues bringen? Wird uns dieser Imperativ eingeredet und, wenn ja, von wem? Will es das Publikum so? Woher dieser Innovationszwang?

Die moderne Kunst verdankt ihre Existenz einem Akt der Befreiung aus überlieferten Formen. Dieser Bruch war eine Explosion der Originalität. Können war immer noch erforderlich, nur war es schwerer zu erkennen. So kam es zu einer Überbewertung der Originalität gegenüber dem Können, einer übertriebenen Suche nach dem Neuen. Das Problem ist, dass ein Befreiter nicht noch einmal befreit werden kann; selbst wenn es mehrere Fesseln zu sprengen gibt, das Erlebnis der ersten Revolution wird nie wieder erreicht werden. Wie bei einem Crack-Süchtigen: Er ist immer auf der Suche nach dem Kick vom ersten Mal, wird ihn aber nie wieder erleben. Leider gerät so die moderne Kunst, sei sie Kunst des Wortes, des Tones oder des Bildes, zuweilen in Gefahr, auf der Suche nach dem Neuen, dem Originellen zu verkrampfen. Eine Gefahr; denn Originelles, das nicht von selbst aus Genialität entsteht, sondern gesucht wird, Genialität vortäuschen will, gefällt nicht. Bemühte Originalität ist schlimmer als gar keine, eingebildete Genialität lächerlich. Insofern ist manchmal gar nicht so verkehrt, sich mit Konventionellem zu bescheiden. Daraus jedenfalls sollte man poetix keinen Vorwurf machen.

Im nächsten Gedicht erscheint der Herbst als explizite Metapher. Dass der Herbst eine Metapher für die Vergänglichkeit ist, für das nahe Ende, hatten wir schon gesehen. Das war bisher ganz allgemein gehalten. Im folgenden Gedicht hat poetix nun konkret über einen Abschnitt seines Lebens gesprochen. Das ist eigentlich kein Jahreszeitengedicht im engeren Sinn. Da es aber das Wort „Herbst" im Titel trägt, wurde es trotzdem hier eingeordnet.

Im Herbst des Lebens

Für Heike

Auf einmal stehen wir im Herbst des Lebens,
der Frühling ist, der Sommer schon gegangen,
es hat die Zeit der Reife angefangen,
genug, genug des Suchens und des Strebens.

Wie ist die Zeit so unbemerkt verstrichen!
Die Kinder sind auf einmal groß geworden,
verdient hast du als Mama einen Orden.
Die Welt und ihre Farben sind verblichen.

Wir wollen noch den Rest des Weges gehen,
genießen, was dabei auch gleich geblieben,
vor allem, dass wir uns für immer lieben.
So lass uns dem, was kommt, ins Auge sehen.

Da werden wir dem Tod uns beide neigen,
in Ruhe schlafen, alte Träume haschen,
von unbekannten Früchten ewig naschen
und unsre Seelen werden aufwärts steigen.

Da bietet sich wieder Gelegenheit, etwas über poetix zu erfahren. Zu dem Zeitpunkt, als er dieses Gedicht schrieb, waren seine Kinder schon groß. Er war also schon in fortgeschrittenem Alter. Enkel scheint er allerdings noch nicht gehabt zu haben, zumindest hat er keine erwähnt.

Winter

Es wird Winter. In Anapästen. Ein selten gebrauchtes Versmaß, das oft in Daktylen umkippt. Das könnte stellenweise auch hier so sein – darüber mögen andere streiten. Für das Gedicht ist es eigentlich nicht wichtig.

Winter

Bis zum Anfang des Winters will keiner ihn haben, den Winter.
Harmonie bringt er erst, wenn er da ist, und schon liebt man
ihn.
Aus der Welt rinnt die Wärme, die südlichen Winde entfliehn.
Vor der Kälte bewahrt einen nur das Geheimnis dahinter.

Sieh den himmlischen Dom ungeheuer nach oben hin ragen.
Miteinander gefangen in diesen geräumigen Hallen
sind wir Opfer, wenn alles von dort sich anschickt zu fallen.
Das Gesicht wenden wir jenem Fallen entgegen mit Fragen.

In der Tiefe des Weltalls die Sterne, sie halten sich nicht.
Wie sie emsig herabsinken, dichter als dicht im Gewimmel!
Es ist Schnee, der da rieselt wie göttliche Gnade vom Himmel.
Er bedeckt unsre Sünden und ebnet die Welt für das Licht.

Es geht nicht nur um den Winter, auch um den Schnee. Keine Überraschung, beides gehört ja zusammen. Auch hier wieder Religiöses: Sünden, Opfer, Gnade ... Schien poetix wichtig zu sein. – Zum Winter gehört auch Weihnachten.

Was braucht man zu Weihnachten?

Wie mutet Weihnacht traulich an,
ob mit, ob ohne Weihnachtsmann!
Geschenke, Schnee, das ist nicht wichtig,
doch Herzenswärme, die ist richtig.

Erinnerungen zu erwecken,
sich zu umarmen, mal zu necken,
Ein Weihnachtsliedchen froh zu singen,
zu hören, wie die Glocken klingen:
das kostet nichts und tut doch gut,
Gefühle strömen: eine Flut!

Manch einer wird auch überlegen,
woher er kommt, der Weihnachtssegen.
Da möge er nur in sich lauschen:
man hört der Engel Flügelrauschen.

Das ist nun wirklich etwas altmodisch, aber andererseits ist Weihnachten ja auch keine moderne Erfindung. Insofern passt es irgendwie.

Nacht der Engel

Was ist es, das die eine Nacht
von allen so besonders macht?
Es ist nicht wichtig, dass es schneit:
Die Weihnachtsnacht ist eine Zeit,
da Himmelsengel Menschen werden.
In dieser Nacht sind sie auf Erden
und wollen unsre Leiden teilen,
mit uns von Stund zu Stunde eilen.
Sie geben sich nicht zu erkennen,
die Liebe würde uns verbrennen.

Man trifft die Engel unverhofft,
und wundert sich dann später oft;
denn wenn sie durch die Lande wandeln,
dann trieft der Zucker von den Mandeln.
Man singt, der Glühwein ruft zum Zechen,
wir weinen über unsre Schwächen.
So manche Prüfung hier im Leben
wird uns auch weiter aufgegeben.
Die Welt bleibt meistens, wie sie war,
und doch wird plötzlich vieles klar.

Ein Engel steht dir jetzt zur Seite,

dass er dich in Vergangnes leite:

die Kindheit, Jugend ... alte Liebe

(du wünschst vergeblich, dass sie bliebe).

Die Engel heilen unsre Seelen,

sie sagen uns, wo wir noch fehlen.

Wir können diese Plätze finden

und uns an unsre Lieben binden.

So haben wir dann selbst gewählt,

was letzten Endes für uns zählt.

Es beginnt ganz romantisch. In der zweiten Strophe dann auf einmal Spott. In der dritten Strophe setzt sich aber trotz der Randerscheinungen der schöne Charakter von Weihnachten durch. – Dazu eine Portion Nonsens.

Weihenacht

Mein Anselm, sprach der Herr Vikar,

jetzt geh ins Priesterseminar

und gib mir auf die Weihen acht;

wir sehn uns dann zu Weihenacht.

Wie gesagt, sinnfrei. Mehr davon (ein Limerick).

Weihnachtsstollen

Es buk gern Herr Meier aus Speyer.
Am Weihnachtstag nahm er zwei Eier,
um Teig auszurollen:
Er buk einen Stollen,
doch leider zu spät für die Feier.

Kinderschreinacht

Nun kann die Feier endlich starten,
das Weihnachtsfest im Kindergarten.
Wie alle durcheinander toben!
Wir wollen das nicht auch noch loben.
Erzieher bremsen, setzen Schranken,
die Kinder kommen auf Gedanken:
Sie klettern auf den Weihnachtsbaum,
versprühen ringsum Teppichschaum.
Juchhe, das sieht ja aus wie Schnee,
bedeckt die Sterne aus Gelee.
Derweil ein kleines Bächlein rinnt,
weil eins der Kinder zu sehr spinnt.

Jetzt machen wir mal richtig Stimmung,

erreicht wird sie durch Lichter-Dimmung:

Das Licht gelöscht, so muss es sein;

denn alle wollen Kerzenschein

im Dunkeln wie in einer Gruft,

dazu der Tannennadelduft.

Nur findet man hier kein Gerippe,

stattdessen steht da eine Krippe.

Natürlich gibt es auch Gesinge,

wir essen dabei Baumschmuckringe

und treiben Unsinn, wie's nur geht,

so mancher spricht ein Stoßgebet.

Um viertel acht ist Schicht im Schacht,

genug gespielt für diese Nacht.

Es war schon festgestellt worden, dass poetix Kinder hatte, immer vorausgesetzt, dass sein lyrisches Ich mit seinem realen Ich identifiziert werden darf. Das geht selbstverständlich nicht immer, aber bei einer fiktiven Person, die man nur aus ihren Gedichten kennt, bleibt einem wohl kaum etwas anderes übrig. Er mag also Kinder gehabt haben und offensichtlich auch den dazu erforderlichen Humor.

Auch Karneval fällt in den Winter (Limerick).

Karneval

Herr Meier wohnt drüben am Eck,
im Karneval wär er gern Jeck.
Er fährt an den Rhein;
im Zug gibt's zum Schwein
zehn Kölsch und am Ziel ist er weg.

Ein Haiku zu Weihnachten.

Weihnachten –
jede Flocke ist
anders

Winternacht

Doppelt kalt wird es und doppelt dunkel,
wenn die Nacht den Winter trifft.
Friere nur, doch sieh: Im Schneegefunkel
zeigt sich eine zarte Schrift.

Kunde gibt sie von der kalten Größe
des nach oben offnen Alls,
dem wir preisgegeben sind in Blöße,
Opfer ewigen Verfalls.

Eis und Leere – Heimat ganz zuletzt;
nur vereinzelt Sternenlicht.
Was auf Erden jemals uns verletzt:
Jenen Ort erreicht es nicht.

Wechselreim und wechselnde Zeilenlängen: abwechselnd
fünf- und vierhebige Trochäen. Das „nach oben offne All" kann
als Enallage angesehen werden.

Frühling

Der Winter endete mit einem Haiku, möge also der Frühling mit einem Haiku beginnen.

Mondlicht –

Kirschblüten

tanzen

Frühling ist es, weil die Kirschen im Frühling blühen. Die Kirschblüten im Haiku sind schon etwas klischeebehaftet, aber deswegen nicht verboten. Es ist eine schöne Vorstellung, dass die fallenden Kirschblüten im Mondlicht tanzen. Der Mond wird im Zen-Buddhismus als Symbol der Erleuchtung verwendet. Man kann bei dem Anblick meditieren. Die einzelnen fallenden Kirschblüten sind in Bewegung, trotzdem stahlt das Bild als Ganzes Ruhe aus. Mit dem Tanz im Mondschein assoziieren wir außerdem verträumte Romantik.

Kirschbäume –

die letzte Blüte

fällt ins Gras

Dieses Haiku scheint auf den ersten Blick traurig zu sein. Mit dem Fall der letzten Kirschblüte hängen keine mehr an den

Bäumen. Es ist vorbei mit der Kirschblüte. Der schöne Anblick ist Vergangenheit. Aber die Blüten liegen noch im Gras und sehen für eine Weile auch dort schön aus. Es kommt hinzu, dass der Fall der letzten Kirschblüte auch der Beginn der Reife der Früchte ist. Wir haben gleichzeitig einen Abschied und einen Neuanfang, so ist der Lauf der Natur.

Ostern

Hörst du nicht im Garten

Osterglocken klingen?

Streichelt sie der Wind,

endet langes Warten.

Hör sie doch nur singen,

frei, wie wir nun sind.

Schleicht sich der Narziss an?

Eiern siehst du Hasen,

grasen auf dem Rasen.

Nisan oder Nissan?

Hier spielt poetix zunächst mit der Doppeldeutigkeit des Wortes „Osterglocken". Gemeint sind die Blumen, aber sie klingen. Die Osterglocken heißen auch Narzissen und haben ihren Namen von der Sage um den Narziss, der wiederum Namensgeber für den Narzissmus wurde. Das leitet über auf die Beobachtung, dass unsere Osterbräuche narzisstisch geworden sind: Wir feiern uns selbst und nicht die zugrundeliegenden Ereignisse, wie die eierlegenden Osterhasen zeigen.

Das Gedicht schließt mit der provokanten Gegenüberstellung von Nisan, dem Monat im jüdischen Kalender, in dem die Osterereignisse stattfanden, und Nissan, der Automarke, als Symbol für unsere Konsumgesellschaft.

Das sind recht viele Probleme für den Frühling. Sollte er nicht unbeschwert sein? Leider ist er das nicht für alle, wie Friedrich Julius Hammer bemerkt: „Wer nicht glücklich ist, fühlt sich leicht am unglücklichsten beim ersten Erwachen des Frühlings. Wenn die Natur aufzuleben anfängt, möchte es so gern auch das Herz. Kummer und Sorgen drücken dann doppelt schwer." Das Heilmittel wäre natürlich, sich dem Zauber des Frühlings zu öffnen, das Glück der Natur zu teilen und, wenn man so unglücklich ist, dass das unmöglich ist, sich zurückzunehmen und den Liebenden ihr Glück zu gönnen.

Für die meisten ist der Frühling schön. Das folgende Gedicht strahlt etwas von der Freude aus, die er auslösen kann.

Frühling

Frühling bricht durch alle Dämme,
wilde Wogen wollen mahnen,
dass ich ihm entgegen schwämme!
Lüfte bringen leises Ahnen,
tragen mit sich Fruchtbarkeit.

Engel schweigen, tanzen Reigen,
heimlich, in Bescheidenheit,
drüber summen stumme Geigen.

Allerliebste, die sich fehlen,
finden sich im Sonnenschein.
Herzen glühen, wärmen Seelen,
sorglos soll der Frühling sein.

Bei den „wilden Wogen" denkt man an Turgenjews „Frühlingswogen", beim „leisen Ahnen" an Mörikes „Er ist's". Schöne Vorbilder. Doch dann stolpert man über die summenden stummen Geigen. Kann man, wenn man stumm ist, noch summen? Stumm bedeutet doch, gerade bei Geigen, dass sie keinen Laut von sich geben, auch kein Summen. Es handelt sich demnach um ein Oxymoron, eine bewusste Nebeneinanderstellung sich gegenseitig widersprechender Begriffe. Ein bekanntes Beispiel ist Paul Celans „schwarze Milch". Dieses Oxymoron hier ist mit einer Art Binnenreim gekoppelt. Zu viel des Guten? Darüber ließe sich streiten.

Was Übertreibungen betrifft, so gibt es welche ins Sentimentale (Allerliebste, Herzen glühen, ...). Darf man so etwas schreiben? Ist das nicht Kitsch? Andererseits, wer will einem verbieten, überschwänglich zu sein? Muss man sich für so etwas verantworten? Und, wenn ja, vor wem?

Zunächst: Es gibt keine Instanz, vor der sich poetix für dieses Gedicht verantworten müsste. Dann kommt hinzu, dass er sich ein Hintertürchen offen gelassen hat. Er kann immer noch behaupten, ein kitschiges Frühlingsgedicht parodiert zu haben. Er habe das alles gar nicht selbst empfunden, sich nur darüber lustig gemacht. Damit erhebt sich die Frage: Ist das Gedicht Kitsch oder Parodie?

Auf so eine einfache Alternative lässt sich die Frage nicht reduzieren. Manchmal steht der Autor zwischen beiden Möglichkeiten. Er könnte etwas als Parodie verkaufen, um sich zu schützen, und abwarten, ob das Publikum es als etwas mit einer eigenen Daseinsberechtigung akzeptiert. Es geschieht doch oft im Leben, dass man etwas im Scherz sagt, was man eigentlich ernst meint, um die Reaktionen auszutesten. Man kann sich dann bei Ablehnung immer noch zurückziehen. Jeder Flirt beruht im Prinzip darauf.

Das Schillern zwischen Parodie und Kitsch gleicht also einem Flirt und wie bei einem Flirt ist es stillos, eine Festlegung zu verlangen. Wir haben nur das Werk vorliegen und das kann man mögen oder nicht.

In dieser Situation konnte Kritik nicht ausbleiben. Sie war von poetix sicher erwartet worden, musste ihn aber doch stärker getroffen haben als erwartet; denn er scheint darauf reagiert zu haben. Jedenfalls hat er versucht, das Thema noch einmal aufzugreifen, diesmal auf scheinbar „coolere" Art oder das, was manche dafür halten.

Frühlingsrap

Was Vögel tun, wenn sie es treiben,

das will ich mal im Blog beschreiben:

„Fiep, fiep, du kriegst'n Trieb.

Tschiep, tschiep, verbiegst'n Sieb."

Da kommt „the Spring" an,

ist doch kein Ding, Mann.

das rockt, das fetzt

genieß das … jetzt.

Du fragst dich: „Wozu bin ich da?",

und denkst dabei: „Das ist Blabla."

Doch wenn du übern Jordan gehst,

kann's sein, dass du um Gnade flehst.

Sei's drum, noch ist es nicht so weit.

Reiß 'rum das Steuer, es ist Zeit!

Kick it with your gal, du chillst,

flick mit ihr die Welt - du willst.

Glaub mir, Alter, das ist fair.

Nimm 'ne Nase von der Air.

Was soll dich denn noch dissen,

der Winter hat verschissen.

Much Feeling und kein Hass,

der Frühling kommt echt krass.

Das ist natürlich auch Geschmackssache. Es ist sogar die Frage, ob dieses Werk poetix' Geschmack entsprach. Es würde überraschen, wenn er der Rapper-Typ wäre. Andererseits: Mit ungewohnten Formen zu experimentieren ist erlaubt, reizvoll und erschließt Neues.

Sommer

Auch der Sommer sei mit einem Haiku begrüßt.

Nach dem Regen –

nasser Asphalt

in der Sonne

Der nasse Asphalt in der Sonne kann dampfen, glänzen, spiegeln, riechen, platschen, das bleibt alles unserer Vorstellung überlassen.

Dichten im Sommer

Wenn ich nach Frische giere,

die Tasten malträtiere,

passiert es doch zuweilen:

Es kommt zu echten Zeilen.

Nicht nur die Hitze, auch die goldenen Weizenfelder sind ein Zeichen des Sommers. Lassen wir den Wind darüber streichen!

47

Weizen im Wind

Aus den Wolken greift der Wind
tief ins Feld, zerwühlt es wild.
Schließ die Augen, spür ihn blind
überall; dann sieh das Bild,
jetzt die Augen wieder offen:
Ähren auseinander spritzen,
peitschend von der Bö getroffen,
Sonnenreflexionen blitzen.

Licht und Schatten im Gewaber,
Halme finden sich zu Garben,
trennen, teilen sich dann aber,
bilden Furchen, wechseln Farben:
Dunkle werden helle Stellen,
die uns leuchten, dir und mir.
Weizen wogt in weiten Wellen,
Ferne ruft – wir bleiben hier.

Eingewandt wurde, dass der Wind in der Atmosphäre ent-
steht, nicht in den Wolken. Nur sehen wir von der Atmosphäre
weniges so deutlich wie die Wolken. So ist wohl auch das Bild
von der pausbäckigen, pustenden Wolke entstanden, das einem

in den Kopf kommen könnte. Dieses Bild indes ist fast schon archetypisch und damit als Chiffre abrufbar. Es greift kindhafte, tiefliegende Sichtweisen auf. Vielleicht trifft es die Gefühle in der vorliegenden Situation.

Auch wurde in Frage gestellt, dass sich spontan Garben bilden und wieder teilen können. Hierzu schrieb poetix, dass er sich durchaus vorstellen könne, dass lokale Wirbel Halmbündel eindrehen können, die dann wieder auseinander fallen. Dass sich spontan Strukturen aus dem Chaos bilden können, ist bekannt (Prigogine). Er räumt allerdings ein, dass er nicht wisse, ob diese Bündel den Anforderungen an den Begriff der Garbe genügen würden. Gibt es überhaupt dafür eine genaue Definition, eine Art EU-Normgarbe?

Schließlich wurde die Bildervielfalt als zu überwältigend empfunden. Das störte poetix nun überhaupt nicht. Das war es, was er empfunden hatte und was er dem Leser mit dem Gedicht übermitteln wollte.

Der freche Sommer

Der Sommer ist ein frecher Mann:

Er will, wenn man das sagen kann,

die Frauen leicht bekleidet sehen,

lässt ihre Kleidchen fröhlich wehen,

wird sie auch manchmal ganz entkleiden,

um sich an ihnen dann zu weiden.

Die Leere des Sommers

Es ist schon alles durchgewärmt,
du wirst der Hitze überdrüssig.
Die Mücken sind nun ausgeschwärmt.
der Boden wird vor Dürre rissig.

Er war ersehnt, der Sonnenschein,
das Freisein von jedweder Schwere.
Du fühlst: Die Welt ist wirklich rein –
und fällst in eine tiefe Leere.

Dir ist zu viel gegeben worden –
so bleiben keine Wünsche offen.
Wenn Gabentische überborden,
dann bleibt dem Menschen nichts zu hoffen.

Die Traurigkeit nach Erfüllung der Wünsche ist ein allge-
meines Phänomen und nicht auf die Menschen beschränkt:
„Post coitum omne animal triste est." (Nach dem Beischlaf ist
jedes Tier traurig). Das Zitat stammt wohl von Aristoteles. Mit
dem Zusatz „sive gallus et mulier" (außer dem Hahn und der
Frau) wird es Galenus zugeschrieben. Der Verweis auf die Frau
hat Schopenhauer dazu verleitet, süffisant hinzuzufügen, diese

Traurigkeit sei ein Zeichen für den „edleren" Charakter des Mannes. Schopenhauers Einstellung zu Frauen war schon zu seinen Lebzeiten umstritten und würde heute als chauvinistisch bezeichnet werden.

Aber verlassen wir die postkoitale Depression und kehren zum Sommer zurück. Im Jahr 2014 kam er früh und war auch früh wieder zu Ende. Das veranlasste poetix zu einem Limerick.

Der ausgefallene Sommer

Was denkt sich der Sommer dabei –

kaum da und schon wieder vorbei.

Die Frage ist nun:

Was soll ich nur tun?

Die Lösung: Ich flieg nach Hawaii.

Wie schon Napoleon sagte: „Die Deutschen haben sechs Monate Winter und sechs Monate keinen Sommer. Und das nennen sie Vaterland."

Ganz so schlimm war es dann auch wieder nicht und poetix wird wohl nur in Gedanken nach Hawaii geflogen sein. Aber es gab einen Vorführeffekt: Kaum hatte poetix diesen Limerick gepostet, wurde das Wetter besser. So gesehen hat das Aufschreiben immerhin etwas gebracht.

Malen mit poetix

Malen im Wald

Im tiefen Wald steht deine Staffelei,
auf einer Lichtung äst ein scheues Reh
und grüßt verstohlen eine kleine Fee.
Ein Hirsch hebt stolz sein prächtiges Geweih.

Du malst allein und niemand stört dabei,
im Wald verborgen liegt ein klarer See,
eröffnet dir den Blick auf die Idee.
Dein Bild ist nunmehr rein und fehlerfrei.

Zur Ruhe lege dich ins weiche Moos,
sieh Nymphen dich in weitem Kreis umringen,
ihr Zauber lässt dich niemals wieder los.

Der Augenblick will dich mit Macht umschlingen,
du bist gefangen in des Waldes Schoß,
bis in der Ferne Abendglocken klingen.

Eine strenge Form (Sonett), aber der Inhalt ist sehr lieblich. Ist das ernst gemeint? Ähnlich wie bei „Frühling": Kitsch oder Parodie? Das erfahren wir nicht, die Entscheidung liegt bei uns. Wie viele Ebenen gibt es hier? Existiert das verwunschene Plätzchen wirklich oder handelt es sich um eine Träumerei? Ob poetix selbst malte? Hat er sich das alles nur ausgedacht? Einiges sicher, die Fee und die Nymphen zum Beispiel. Männerfantasien oder Romantik?

Zurück zum Malen (Haiku).

Traum vom Bild –

Farben auf der Leinwand –

ausgeträumt

Was ist mit poetix? Hat er irgendwann gemalt? Jedenfalls hat er behauptet, zu dem folgenden Gedicht durch ein eigenes Bild aus seiner Jugend inspiriert worden zu sein.

Hoffen

Die Welt ist wüst und leer.
Inmitten jenes Raumes,
wo kalte Träume schweben –
ein offnes, trocknes Meer.

Als Frucht des toten Baumes
entsteht das Menschenleben.

Dort welkt der Mensch dahin
und sucht nach einem Sinn,
er fällt
und sinkt,
vergeht,
ein Blatt im Wind, verweht.

Die Zeit lässt alles offen.
Wenn vieles auch zerbricht,
so können wir doch hoffen:
auf mildes Sonnenlicht,
es hilft – nur jetzt noch nicht.

Auch hier wieder ein Oxymoron: die „Frucht des toten Baumes". Das erwähnte Bild lässt sich im Netz finden. Es zeigt einen toten Baum, Symbol des vergehenden Lebens, an dem, gewissermaßen als Frucht, eine menschliche Maske wächst, wie ein Blatt, das welkt. Der Baum steht in einer Landschaft, die einem ausgetrockneten Meer ähnelt und über der auf einer Seite dunkle Kristalle schweben: die kalten Träume. Auf der gegenüberliegenden Seite im Hintergrund findet sich das einzig Positive in dem Bild - die Sonne, eine Hoffnung für die Zukunft.

Die Szenerie ist recht pessimistisch, auch das Gedicht - der Schluss kann es kaum herausreißen. Andererseits aber zeigt das Bild symbolisch „die zwei Seelen in unserer Brust"(Goethe). Die materielle, irdische Seite und die hoffnungsvolle, jenseitige, beide getrennt durch einen tiefen Riss in der Erde und beider Farben sich widerspiegelnd in der Maske.

Das Bild wird (leicht farbverfremdet) auf dem Cover wiedergegeben.

Was das Malen betrifft, da hat poetix noch mehr getan. Er hat sogar eine Anleitung zum Malen gegeben. Hier kommt sie:

Wir malen

Den Pinsel in die Hand!
Jetzt male an die Wand!
Ein Kreis soll es mal sein,
zwei Punkte dann hinein.
Du denkst, das wird ein Kopf?
Doch nein, es ist ein Knopf.

Tierisches

Doppelmord

In einer kalten Winternacht im Mondenschein,
flog einst ein Mückenpärchen in ein Haus hinein.
Dort schliefen grad zwei Menschen tief und wonniglich,
da fragte keck die Mückerin den Mückerich:

„Wohin lädst du mich ein? Was machst du denn mit mir?
Was ist das für ein düstrer Raum, es ist doch hier
genauso kalt wie draußen." Darauf er zu ihr:
„Das schon, doch biet ich eine warme Mahlzeit dir."

Sie dankte sehr und ließ sich das nicht zweimal sagen,
sie setzte sich und schlug sich voll mit Blut den Magen.

Er selber aß nicht mit, ihm war noch nie nach Blut...
Die Menschen wachten später auf, ganz wohlgemut,
juchhe, da schlugen sie die beiden Mücken tot –
wozu denn nur? Das Blut war weg, der Fleck war rot.

doppelt

doppelt so genau

doppelt schuftet man am bau

doppelt sind die augen und so blau

doppelt ist das wau wau wau wau wau wau wau

doppelt dann der Kabeljau und grau   wau

doppelt sagt man es der frau   wau

doppelt so genau   wau

                                          wau

doppelt so genau   wau

doppelt schuftet man am bau   wau

doppelt sind die augen und so blau   wau

doppelt ist das wau wau wau wau wau wau wau

doppelt dann der kabeljau und grau

doppelt sagt man es der frau

doppelt so genau

So etwas wäre dann wohl ein experimenteller Text. Es dauert eine Weile, sich darauf einzulassen.

Tierasyl

Verfallen ist der Taubenschlag,
wer weiß, ob's an den Schrauben lag?
So sind zwei Tauben ausgeflogen
und gleich in unser Haus gezogen.
Hier leben sie als zahmes Pärchen,
daneben wohnt ein lahmes Bärchen.
Wir haben viele solche Tiere,
darunter auch der Molche viere.

Sie dürfen gern auch frei hier laufen,
nur Vorsicht, dass nicht zwei sich raufen!
Denn wer soll unsern Schmerz ermessen,
wenn etwa Löwen Nerze fressen?
Die Tiere muss man vorher trennen,
dass sie nicht durcheinander rennen.
Kein Tier wird uns von hier entrissen,
wir würden es sonst sehr vermissen.

Erweiterte Reime – echte Schüttelreime sind es nicht.
Jetzt haufenweise Haufenreime.

Der ungestriegelte Beagle

Fehlt ihm der Striegel,
hilft sich der Beagle
vor seinem Spiegel
mit einem Igel.

Die nicht patzenden Katzen

Statt zu patzen,
schlagen Katzen
mit den Tatzen
nach den Ratzen,
bis sie platzen.

Das Taubenleben

Ein Taubenpaar – wie ist ihr Leben
vom Nestbau bis zum Liebe-Geben?
Das ist doch eigentlich ganz klar:
Sie opfern es am Nestaltar.

Wird denn ihr Dasein nicht verblassen,
wenn ihre Jungen sie verlassen?
So traurig sehen sie dann aus,
es bleibt für sie und uns ein Graus.
Als ob sich ihre Herzen lösten ...
Doch können sie zu zweit sich trösten.

Wo immer die Gedanken weilen,
sie können das Vergangne teilen
und lieben sich ein Leben lang.
Ihr Gurren hat den gleichen Klang.

Das hat etwas Tröstliches für alle Eltern, deren Kinder eines
Tages aus dem Haus gehen. Ob poetix zu dem Zeitpunkt, als er
dieses Gedicht schrieb, vor solch einer Situation stand. Viel-
leicht war es auch noch nicht soweit und er hatte nur Angst
davor. Andererseits will man ja, dass die Kinder eines Tages

selbstständig werden und eine eigene Familie gründen. Außerdem können Menschen, anders als Tauben, nach der Trennung Kontakt halten.

Der allzu kleine Igel

Ach je, du armes Igelein,

du bist ja wirklich viel zu klein!

Wie willst du durch den Winter kommen?

Da wirst du von uns mitgenommen.

Wir nähren dich mit Katzenfutter,

umsorgen dich wie eine Mutter.

Und bist du schließlich groß und fett,

so heißt es: Tschüss, es war sehr nett!

Und einmal im Vorübergehen,

da werden wir uns wiedersehen.

Dabei wirst du uns nicht erkennen,

doch unsre Augen werden brennen.

Das dürfte etwas für Kinder sein (auch für Kind gebliebene Erwachsene). Vielleicht haben poetix, seine Frau oder seine Kinder mal einen Igel über den Winter gebracht, vielleicht sogar öfter. Niedlich.

Werden aber Kinder das mit den brennenden Augen verstehen? Gemeint ist offenbar jenes Gefühl, das man hat, wenn einem die Tränen kommen, hier die Tränen der Rührung bei der Begegnung, auch der Trauer, dass der Igel einen nicht wiedererkennt, dass man ihn nicht mehr vor den vielen Gefahren seines Igellebens schützen kann. Aber so ist der Lauf des Lebens und alles andere wäre nicht im Sinne des Igels.

Eine der Gefahren für den Igel ist es, bei Nacht überfahren zu werden. In der Leselupe wurde erwähnt, dass eine Interpretationsmöglichkeit für die letzte Zeile sein könnte, auf diese Gefahr hinzuweisen: die brennenden Augen = die brennenden Scheinwerfer. Dazu hat poetix erklärt, dass er selbst diese Interpretation nicht gesehen hätte. So ist das manchmal: Die Gedichte entwickeln ein Eigenleben, sagen auf einmal Dinge, an die der Dichter gar nicht gedacht hatte.

Pferd und Reiter

Das Pferd trägt seinen Reiter,

trabt heiter immer weiter.

Der Reiter ist beleibter -

fällt er oder bleibt er?

Haha, das klingt wie „Hoppe hoppe Reiter", nicht nur wegen des gespaltenen Reimes am Schluss.

Ob das folgende Werk auch zu den Tiergedichten gezählt werden kann, wird nicht ganz klar. Drei Quartette im Kreuzreim.

Vollmond

Wer will nicht mit den Wölfen heulen,

wenn sacht das Herz des Menschen weint

und Schatten rings die Erde fäulen,

weil über ihr der Vollmond scheint.

Wie silbrig schimmern wir und falb!

Wir sehen dieses Spiel mit Bangen.

Es ist, als seien wir schon halb

aus unsrer Welt hinausgegangen.

Die andre Welt, sie zieht uns an,

im Diesseits hält uns nur die Sorge,

dass jene Macht sich irgendwann

das Tiefste unsrer Seele borge.

Wieder der Vanitasgedanke, den poetix so gern zelebrierte: Weltleid, faulende Erde, das Hinausgehen aus der Welt. Mit der Fellfarbe „falb" stellt sich die Frage, ob eine Verwandlung in einen Werwolf beschrieben wird. Diese Frage betrifft aber nur Äußerlichkeiten und wird nicht beantwortet. Die eigentliche Sorge gilt dem „Tiefsten der Seele" und der Möglichkeit des Verlustes desselben durch Mächte, die nur ansatzweise erkannt werden.

Zu den unheimlichen Begegnungen gehört auch diese:

Begegnung im Nebel

Der Nebel stieg die letzten Stunden,

es hob sich wallend eine Wand.

Dahinter ist die Welt verschwunden

und, während sie im Nichts verschwand,

erweckten Schwaden in mir Tiefen,

die besser im Verborgnen schliefen.

Ich scheine in ein Loch zu fallen,

wo dunkle Schemen lauern, lallen.

Schon löst sich jemand aus dem Dunst

und nähert sich mit weiten Armen.

Gewährt ein Geist mir seine Gunst?

Hat er mit Sterblichen Erbarmen?

Zu jammern scheint er und zu klagen,
er deutet an, verspricht recht viel,
auch will er mir wohl etwas sagen,
verschleiert sich und spielt ein Spiel.
Hat er mich etwa ausgelacht?
Da wird der Schatten schon zerrissen:
Es ist ein leichter Wind erwacht.
Die Wahrheit werd ich niemals wissen.

Da wird ein Geist erwähnt, seine Existenz bleibt zweifelhaft. Kann man das als übersinnlich bezeichnen oder nicht?

Nicht? Dann also explizit Übersinnliches (im nächsten Kapitel.)

Auch Prosa muss erlaubt sein

Ein Wiedersehen

Frau Schmidt war noch bei Bewusstsein. Sie war gerade erst in den OP gebracht worden. Merkwürdig, wie ruhig sie war. Dabei bedeutete dieser Raum etwas für sie. Hier war vor fünf Jahren ihr Mann gestorben. „Mors in tabula" nannte man das, als ob einem der Tod auf einer Tafel serviert würde. Sie war eine vernünftige Frau. Trotzdem hatte sie damals sehr gelitten. Oft hatte sie danach noch geglaubt, die Stimme ihres Mannes zu hören. Es war nur eine Stimme in ihrem Kopf. Ihr Verstand sagte ihr, dass es nicht wirklich ihr Mann sein könne, aber ihr Herz wollte glauben, dass er es doch wäre. So wurde sie hin- und hergerissen zwischen Glauben und Zweifeln. Meistens hatte sie seine Stimme gehört, wenn sie in schwierigen Situationen war. Auch heute war sie wieder in einer schwierigen Situation. In dieser OP ging es um Leben oder Tod. Ob ihr Mann wieder zu ihr sprechen würde?

Sie hatte ein Beruhigungsmittel bekommen und wurde langsam müde. Der Anästhesist begann, langsam die Narkose einzuleiten. Wie die Zeit auf einmal stehen zu bleiben schien! Ihre Augen waren zugefallen und sie glaubte, das Gesicht ihres Mannes vor sich zu sehen. Er sah sie zärtlich an und dann sprach er mit ihr. Er beruhigte sie, sagte ihr, dass sie keine Angst haben müsse. Er sei ja bei ihr. Er fasste sie bei der Hand. „Komm mit mir!", sagte er. Sie hatte überhaupt keine Angst und folgte ihm. Aber sie gingen nicht, sie schwebten. Es war seltsam: Als sie sich umwandte, sah sie sich noch auf dem OP-Tisch liegen. Dann blickte sie wieder nach vorne. Sie schwebten auf ein weißes Licht zu. War es eine OP-Lampe? Nein, dieses Licht war viel schöner als das einer Lampe, es verströmte Wärme, strahlte Geborgenheit aus und zog sie an. Sie war jetzt glücklich, umarmte ihren Mann und gemeinsam tauchten sie ein in das Licht.

Die Ärzte hatten ihr Bestes versucht, vergeblich. „Zeitpunkt des Todes: zwanzig Uhr fünfzehn", sagte einer. Dann gingen sie zum nächsten Patienten. Keiner bemerkte das glückliche Lächeln auf dem Gesicht der verstorbenen Patientin.

Da fließen Berichte über Nahtoderfahrungen ein. So etwas gibt es ja. Es würde interessieren, ob poetix tatsächlich geglaubt hat, dass diese Berichte eine Realität widerspiegeln. Die Geschichte legt das nahe.

Das Einhorn und der Mond

Es war einmal ein Einhorn. Ganz allein lebte es im Wald. In manchen Nächten tauchte der Mond das Einhorn in silbriges Licht. Das Einhorn empfand tiefe Dankbarkeit dafür – mehr noch: Es liebte den Mond seit Langem, wenn auch nur aus der Ferne. Der Mond wusste nichts davon. Wie sollte er auch: Die Welt war so groß. Er schwebte darüber, ohne sich darum zu kümmern. Ein bisschen eitel war er vielleicht schon, wie er so über der Erde thronte; aber er war ja auch wirklich schön anzusehen.

Allzu gern wollte das Einhorn dem Mond nahe sein. Doch wie sollte das geschehen? Es schien unmöglich zu sein. So verzehrte es sich vergeblich vor Sehnsucht. Wer in sein Herz hätte sehen können, hätte gewusst: Seine Liebe war rein. Was konnte es nur tun, um den Mond auf sich aufmerksam zu machen? Jede Nacht sang es dem Mond mit kristallklarer Stimme seine besten Lieder vor, aber – ach – der Mond konnte es nicht hören. Jahre vergingen, das Einhorn alterte nicht und auch seine Liebe verging nicht. Sollte es die Hoffnung aufgeben?

Schließlich, fast am Ende seiner Hoffnung, ging das Einhorn zur weisen Eule und klagte ihr sein Leid. Die Eule dachte lange nach, dann sagte sie: „Wenn ich auch nicht weiß, ob ich dir helfen kann, so will ich es doch zumindest versuchen. Vielleicht kannst du die Aufmerksamkeit des Mondes erringen, aber es wird dich dein Leben kosten. Bist du dazu bereit?" Das Einhorn erwiderte: „Für ein einziges Wort vom Mond würde ich gern sterben." – „Nun gut", meinte die Eule und gab dem Einhorn drei Dinge: einen Hering, einen Apfel und einen Käfer. „Geh morgen früh zum Meeresstrand und rufe den Sägefisch, gib ihm den Hering und bitte ihn, dir dein Horn abzusägen. Dann geh zum Biber, gib im den Apfel und bitte ihn, das Horn zu zerraspeln und die Späne mit Schlamm zu vermischen. Den Brei soll er auf den Stumpf streichen und du musst dabei die Worte sprechen: 'memet sacrum faciam'. Zu dieser Zeit dürfte es schon Nachmittag sein. Ruhe dann bis zum Einbruch der Nacht. Inzwischen wird aus dem Stumpf eine wunderschöne Blume gewachsen sein. Allerdings wird dich das deine ganze Lebenskraft kosten. Du musst sterben. Jedoch wirst du noch ein wenig Zeit haben. Ruf die Fledermaus, gib ihr den Käfer und bitte sie, dir die Blume abzubeißen. Wenn der Mond aufgeht, geh auf einen Hügel und lege die Blume dort für den Mond nieder. Wenn du Glück hast, wird der Mond sie sehen und mit dir sprechen."

Das Einhorn willigte ein und ging am nächsten Morgen zum Meeresstrand. Es rief den Sägefisch, gab ihm den Hering und bat ihn, das Horn abzusägen. Der Sägefisch hatte Mitleid mit dem Einhorn und gab zu bedenken: „Wenn du das zu Ende führst, wirst du sterben. Überlege es dir noch einmal. Bleib doch hier am Strand und ich werde dir jeden Abend Geschichten erzählen von den Schiffen und den Küsten, an die ich komme." Aber das Einhorn sehnte sich nach dem Mond und lehnte dankend ab. Also sägte der Sägefisch ihm das Horn ab.

Nun ging das Einhorn zum Biber, gab ihm den Apfel und bat ihn, das Horn zu zerraspeln. Auch der Biber hatte Mitleid, aber auch er konnte das Einhorn nicht umstimmen. Also zerraspelte er das Horn und vermischte die Späne mit Schlamm. Es bestrich den Stumpf damit, das Einhorn sprach „memet sacrum faciam" und wartete ab. Bei Einbruch der Nacht war aus dem Stumpf eine wunderschöne Blume gewachsen und das Einhorn war sehr schwach geworden. Es war die schönste Blume der Welt. Sie leuchtete von innen. Das Einhorn rief die Fledermaus, gab ihr den Käfer und bat sie, die Blume abzubeißen. Die Fledermaus musste weinen, als sie das sterbende Einhorn sah, aber sie tat, worum sie gebeten worden war. Inzwischen war der Mond aufgegangen. Das Einhorn nahm die Blume und schleppte sich mit letzter Kraft auf einen nahe gelegenen Hügel, auf dem Schafe weideten. Dort legte es die Blume aufs Gras und sich selbst zum Sterben daneben. Seine brechenden Augen spiegelten den Mond. Aber der Mond bemerkte das Einhorn noch immer nicht. Er wusste nicht einmal, dass es existiert. Er bemerkte auch die Blume nicht.

Die Blume blieb liegen und wurde von den Schafen zertrampelt.

Das Einhorn aber lag tot daneben und zerfiel zu Feenstaub. Dieser stieg hoch empor in den Himmel, bis zum Mond. So kamen sie doch noch zusammen, das Einhorn und der Mond.

In manchen kalten Nächten können wir die beiden auch heute noch zusammen sehen. Dann beobachten wir, wie eine silbrig glänzende Staubwolke den Mond umhüllt, ihn liebkost und streichelt und mit ihm über die Erde schwebt.

Traurig-schön. Eine hoffnungslose Liebe – erstaunlich, wozu sie fähig ist. Erinnert an Andersens Märchen. Wahrscheinlich nicht jedermanns Sache, aber manche werden es lieben. Es bleibt zu hoffen, dass dem Märchen nicht irgendeine wahre Episode aus poetix' Leben zugrunde liegt. Einige Leser beklagten das melancholische Ende. Es muss so sein. Das Einhorn scheitert zwar vollkommen mit seiner Liebe, aber in einer traurigen, merkwürdigen, unvorhersehbaren Weise gelangt es doch noch ans Ziel. Es ist oft so im Leben: Man scheitert und aus der Wehmut entsteht etwas Neues, anderes, etwas, an das man gar nicht gedacht hatte. Gilt nicht Gleiches für unser ganzes Leben? Wer weiß, was nach dem Ende, dem Tod, an Überraschungen kommt? Und im täglichen Leben: Sollten wir nicht versuchen, auch dem größten Scheitern noch etwas Positives abzugewinnen? Noch mehr Prosa?

Weiße Weihnachten

Es war einmal eine junge Mutter. Sie war eine herzensgute
Frau und hatte noch niemals jemandem etwas Böses getan. Die
Umstände hatten dazu geführt, dass sie sehr arm war, so arm,
dass sie keine Wohnung hatte. Sie irrte mit ihrem Baby, einem
Mädchen, durch die Straßen der Stadt. Der Vater des Mädchens
war bei einem Unfall gestorben und so waren Mutter und Toch-
ter ganz allein.

Es war Heiligabend und es war sehr kalt. Eine Kältewelle
hatte das Land erfasst. Die Temperaturen lagen weit unter dem
Gefrierpunkt und viele Tiere waren schon erfroren. Überall lag
Schnee. Die Menschen in den warmen Wohnungen freuten sich
über den Schnee. Sie sagten: „Wie schön, wir haben weiße
Weihnachten!" Aber die arme Mutter freute sich nicht über den
Schnee. Sie hatte nicht genug warme Kleidung und fror entsetz-
lich. Aber das Baby hatte sie warm eingewickelt. Aus den di-
cken Decken lachte ihre Tochter sie fröhlich an. Sie war das
Einzige, was sie hatte auf der Welt. Sie liebte sie über alle Ma-
ßen.

Obwohl das Baby warm eingepackt war, war es krank ge-
worden. Die Mutter machte sich große Sorgen. Für einen Arzt
hatte sie kein Geld, auch Medikamente und genug zum Essen
konnte sie dem Kind nicht bieten. Wenn sie erfror, wer sollte
für das Kind sorgen? Was für ein Leben sollte es haben, wenn
es aufwuchs? Die Mutter sah keinen Ausweg, als das Kind in
die Obhut einer reichen Familie zu geben. So legte sie das Baby
vor die Tür einer vornehmen Villa, klingelte und versteckte sich
hinter einem Busch. Die Tür wurde geöffnet und eine gut ge-

kleidete Dame nahm das Baby mit ins warme Haus. Die Leute in dem vornehmen Haus hatten sich schon lange vergeblich ein Kind gewünscht. Als sie das Baby sahen, drückten ihre Gesten so viel Mitgefühl aus, gepaart mit Freude über das unverhoffte Weihnachtsgeschenk, ja sogar Liebe für das arme Würmchen, dass die Mutter wusste, diese Leute würden ihr Baby wie eine Tochter aufnehmen. Die Mutter hinter dem Busch weinte. Sie war sehr traurig, aber auch beruhigt: Jetzt würde es ihrem Kind gut gehen, es würde überleben.

Gegenüber der Villa war der Stadtpark. Dort gab es ein kleines Tannenwäldchen. Die Mutter machte sich auf den Weg dorthin und stellte sich vor, die Tannen wären Weihnachtsbäume. Der Gedanke, dass sie Weihnachten ohne ihr Baby verbringen sollte, brach ihr fast das Herz. Sie wusste nicht, ob sie in ihrer dünnen Kleidung die eisige Nacht überleben würde und sie hatte auch aufgegeben, gegen die Kälte anzukämpfen. Ohne ihre Tochter hatte sie der Lebenswille verlassen.

Als sie auf die Tannen zuging, sah sie durch ihren Tränenschleier eine Krippe unter den Bäumen und daneben Josef und Maria. Sie wusste nicht, ob sie träumte oder wachte, aber, als sie näher kam, winkte Maria sie zu sich heran. Sie trat hinzu und kniete vor dem Christkind nieder. Die arme Frau war schon sehr lange nicht mehr freundlich berührt worden, außer von ihrem Baby. Jetzt aber lächelte Maria sie an und strich ihr liebevoll übers Haar. Da wurde sie ganz ruhig, eine wundersame Wärme durchströmte sie. Sie spürte die Kälte nicht mehr und fühlte sich wohl. Maria lud sie ein, sich neben die Krippe zu legen. Das tat sie und plötzlich erschienen überall zwischen den Bäumen Engel und sangen. Was sie sangen, ähnelte Weihnachtsliedern, klang aber viel schöner als irgendeine menschliche Musik. Die Frau schloss glücklich die Augen und schlief friedlich ein.

Am nächsten Tag fand die Polizei die Frau tot unter den Bäumen. Die Untersuchung ergab, dass sie erfroren war, mit einem Lächeln auf den Lippen. Die arme Frau wurde auf Kosten der Gemeinde bestattet. Ihre Seele aber kam in den Himmel. Sie erhielt die Lichtgestalt eines Schutzengels. So kehrte sie auf die Erde zurück, wo sie über ihre Tochter wachte, solange diese lebte. Auf diese Weise kamen Mutter und Tochter doch wieder zusammen und waren miteinander viel vertrauter, als je zwei Menschen es hätten sein können.

Ist das ein Märchen oder eine traurige Geschichte? Vielleicht sogar sentimental? Wo ist die Grenze? Oder ist es gar eine Parodie? Hier stehen wir vor demselben Problem wie bei den Gedichten „Frühling" und „Malen im Wald": Wir wissen es nicht. Anscheinend machte sich poetix zuweilen ein Vergnügen daraus, im Undefinierbaren zu verweilen. Er will sich nicht festlegen lassen. „Non ubique omnia esse dicenda" („Man darf nicht überall alles sagen"), stellte schon Luther fest und bezog sich dabei auf Äsops Fabel vom Fuchs, der einen Schnupfen vortäuschte, als der Löwe ihn nach dem Geruch in seiner Höhle fragte.

Miteinander gehen

„Sie gehen miteinander", sagte man in ihrer Jugend, wenn zwei Menschen fest zusammen waren. Und sie waren fest zusammen, seit Jahrzehnten. Irgendwann hatten sie geheiratet, Kinder bekommen. Die Kinder waren inzwischen erwachsen geworden und ihrer Wege gegangen. Sie selbst waren miteinander alt geworden. Und immer noch gingen sie gern miteinander, sei es durch die Stadt oder durch die Natur.

Heute gingen sie durch ihren Lieblingswald. Es war Sommer und es hatte geregnet. Jetzt schien wieder die Sonne. Trotzdem war der Weg schattig. Die Erde, das Moos, die Pilze, die Baumborken, die Nadeln, die Blätter, alles duftete nach Feuchtigkeit und Frische. Zu zweit genossen sie die Natur doppelt. Wie das Sprichwort sagt: Geteiltes Leid ist halbes Leid, geteilte Freude ist doppelte Freude. Sie hatten viel miteinander geteilt, Gutes und Schlechtes. Was für eine Freude es war, so durch die Natur zu schlendern, ein Teil von ihr zu sein. Sie glaubten, die Vögel des Waldes zu verstehen, wie sie jubilierten.

Es war so schön, dass sie beinahe Raum und Zeit vergaßen. Der Wald öffnete sich auf eine Wiese, die sich über einen Hügel erstreckte. Darüber spannte sich ein Regenbogen. Am Ende eines Regenbogens würde man einen Topf voll Gold finden, heißt es in einer alten keltischen Sage. Nur, das weiß jeder, kann man das Ende des Regenbogens nicht finden. Heute aber fanden die beiden das Ende des Regenbogens. Es war direkt vor ihnen, strahlte auf und lud sie ein, den Bogen zu betreten. Es gab ihn tatsächlich: ein Gebilde aus flirrendem Licht. Und er trug sie, als sie ihn Hand in Hand bestiegen. Sie gingen, nicht zögernd oder ängstlich, nein, mit schlafwandlerischer Sicherheit, beinahe schwerelos, als wäre es das Natürlichste von der Welt. Sie gingen miteinander über den Regenbogen.

Bald waren sie hoch über der Landschaft. Es erschien ihnen wie ein Traum, den sie gemeinsam träumten. Sie blickten sich gegenseitig in die Augen, dann auf die Wiesen und Wälder, dann wandten sie sich wieder einander zu und lächelten sich an. Der Regenbogen führte sie in die Wolken. Es wurde dunstig, sie konnten nicht mehr weit sehen. Beinahe hätten sie erwartet, an die Himmelspforte zu gelangen, mit Petrus davor. Nein, so war es nicht. Sie hörten auf einmal Stimmen, tröstende, beruhigende, liebende Stimmen, die ihrer verstorbenen Eltern, Großeltern und viele andere. Ihnen wurde leicht ums Herz. Sie fühlten sich gleichzeitig als Kinder und als erwachsene Eheleute. Vor ihnen leuchtete ein warmes Licht, das sie anzog. Sie gingen darauf zu und, als sie ankamen, tauchten sie ein in ein unbeschreibliches Gefühl des Friedens und der Geborgenheit. Sie waren miteinander gegangen und angekommen.

Auch hier wieder die Frage, ob das sentimental ist. Bei dem Thema ist andererseits vieles erlaubt. Wie dem auch sei, das Bild ist eingängig. Es wirft allerdings auch Fragen auf. Die meisten Religionen sprechen davon, wie der einzelne Mensch ins Paradies kommen kann. Wie verträgt sich das mit dem hier vorliegenden Bild von zwei Menschen, die gemeinsam dorthin gelangen?

Atmanau

Kann die Seelenpartnerschaft der Liebe mit der Philosophie der Atman-Brahman-Beziehung in Einklang gebracht werden? Das Atman ist das Einzelne, Individuelle, die eigene Seele, das Selbst, das innerste Sein des Menschen. Nach jener Philosophie, die meist Vedanta genannt wird, ist das Atman, wenn man ihm auf den Grund geht, identisch mit dem Brahman, dem Ganzen, dem Universum, der Weltseele. Das zu erkennen, ist unsere Aufgabe. Wenn das Atman aufgeht in einer Zweierbeziehung, wenn man ohne den anderen unvollständig ist, zählt dann diese Zweiheit als Eines? Wenn wir uns aber in einer unteilbaren Zweiheit befinden, sind wir dann auch in dieser Zweiheit identisch mit dem Universum?

Die Zweiheit der Seelen statt des einen eigenen Atman, wenn es sie gibt, wie sollen wir sie nennen? Es gab im Sanskrit den Dual als Numerus. Dieser bezeichnet eine Zweiheit von Dingen. Der Dual von „Seele" (Atman) lautet in dieser Sprache im Nominativ Atmanau. Das wäre wohl die angemessene Form für die Zweiheit von Seelen.

Das Atman in seiner abstrakten Form, d.h. ohne den störenden Einfluss von Maya, dem Weltgetriebe, unterliegt nicht den Anschauungsformen von Raum und Zeit. Ebenso nicht seine Einheit mit dem Brahman. Wie ist es dann mit der Zweiheit, dem Atmanau? Ist auch diese eine Eigenschaft des Universums? Das hieße, in zeitgebundener Sprache, die Zweiheit der Liebenden wäre im Universum schon vorgegeben? Sind demnach Liebende von Anfang an füreinander bestimmt?

Manche mögen das glauben. Manche mögen auch glauben, dass wir unseren Seelenpartner eventuell nicht in diesem, sondern in einem von vielen Leben finden. Dass erst diese Dualität unsere Existenz vervollkommnet und uns unsere Einheit mit dem Brahman erkennen lässt.

Im Vedanta-System gibt es verschiedene Schulen. Da ist einmal das Schule der Advaita (Nicht-Dualität). Gemeint ist eben die Einheit (Nicht-Dualität von Atman und Brahman). Diese Lehre läuft auf eine Form des Monismus hinaus. Wenn alles eins ist, wird es allerdings schwierig, von einer Zweiheit der Seelen zu sprechen. Andererseits gibt es aber auch die Schule des Dvaita-Vedanta (Vedanta der Dualität), das individuelle Seelen als vom Brahman getrennt zulässt. Die Dualität der Seelen wäre hier möglich. Wäre aber auch die Einheit mit dem Brahman möglich? Letztere ist ja eher im Advaita-System angelegt. Voraussetzung wäre dort nur, die Dualität zweier Seelen, das Atmanau, als Vorstufe des Einswerdens mit dem Brahman anzusehen. Das wäre vorstellbar. Störend ist es aber schon, etwas so Wunderbares wie die Liebe in einen Topf zu werfen mit der Verschmelzung von allem zu einem.

Das Wort Atmanau bezeichnet sprachlich zwei Seelen, deren Dualität durch die Form anerkannt wird. Nun soll also diese Zweiheit begrifflich über das Sprachliche hinausgehen. Ist es das, was wir meinen, wenn wir von der ewigen Liebe sprechen? Natürlich ändert sich die Liebe im Lauf der Zeit. Die schicksalhafte Verbundenheit aber wird überzeitlich gedacht. Auf einer höheren Seinsstufe als unserer jetzigen mögen wir die Gesamtheit dieses wundervollen Geschenkes erkennen können, ja, es könnte eine Teilhabe an jedem einzelnen erlebten Augenblick geben, wie wir sie uns jetzt noch nicht vorstellen können.

Wir schreiben damit der Liebe, dieser Seelenverbindung, eine eigene Existenz zu. Genauso real, als ob wir sie anfassen könnten. Und wenn wir sie erfahren, können wir spüren, dass sie unsere Bestimmung ist. Grund genug, sie wirklich ernst zu nehmen und sie nicht nur für eine Laune der Natur zu halten. Sie ist Teil der Ewigkeit.

Der Abgrund

Herr A. wachte auf. Er war verwirrt und wusste nicht, wo er sich befand. Er lag auf einem dunkelroten Läufer in einem Korridor im Innern eines Gebäudes. Keine Fenster. Nur Türen, auf denen ovale Messingschilder prangten, die nummeriert waren. Der Gang lag in einem goldgelben Schummerlicht und wirkte seltsam altertümlich. Das Licht kam von Armleuchtern, die aus holzvertäfelten Wänden wuchsen. Die Decken waren mit Stuck verziert. Das Ambiente wirkte wie ein Hotel aus der Belle Époque. Herr A. versuchte sich zu erinnern. Er war am Abend ganz normal in seinem Bett zu Hause schlafen gegangen. Nichts war ihm ungewöhnlich erschienen. Wie war er hierhergekommen? Was war passiert? Er fühlte sich benommen. War er betäubt worden? Er fand keine Antwort.

Mühsam rappelte er sich auf und versuchte, seine Umgebung zu erkunden. Er wankte bis zur nächsten Ecke. Dort zweigte ein anderer Korridor ab, genau gleich dem, in dem er aufgewacht war. Er folgte diesem bis zur nächsten Ecke. Wieder ein Korridor. Und so weiter. Die Korridore bildeten eine Art Labyrinth. Herr A. fand keinen Ausgang. Alles war absolut menschenleer. Kein Laut war zu hören. Herr A. klopfte an einige der Türen, ohne Antwort zu erhalten. Schließlich versuchte er die eine oder andere Türklinke zu betätigen. Die Türen waren verschlossen.

Panik stieg in ihm auf. Er wollte hier hinaus. Aus seinem Wanken wurde ein hastiges Vorwärtsstolpern, von Zeit zu Zeit sogar ein Laufen. Es gab Differenztreppen, die er in zwei, drei Sprüngen nahm, dann wurden die Gänge einmal schmaler, einmal weiter. Auch sah er Messingschilder mit Pfeilen und Hinweisen. Allerdings waren die Hinweise in einer Sprache verfasst, die er nicht kannte. Er prägte sich eine dieser Beschriftungen ein und folgte den entsprechenden Pfeilen. Tatsächlich hatte er Erfolg. Er gelangte zu einem Treppenhaus. In der Mitte war ein Fahrstuhlschacht, der Fahrstuhl stand befand sich auf seiner Etage. Es war ein alter Fahrstuhl, vergittert. Herr A. blickte in den Fahrstuhlschacht - nach oben und unten. Er konnte im Halbdunkel weder oben noch unten ein Ende erkennen. Die unabsehbar vielen Treppen zu Fuß zu bewältigen, war aussichtslos. Aber vielleicht konnte er mit Hilfe des Aufzuges einen Ausgang erreichen. Er öffnete die mit Jugendstilmotiven verzierte Gittertür des Fahrstuhls und trat ein.

Das Bedienfeld war aus Messing mit elfenbeinfarbenen Knöpfen. Die Beschriftung war merkwürdig. Angegeben waren offenbar nur relative Höhen, wobei der Bezugspunkt nicht klar war. Bezogen sich die Angaben auf sein jetziges Stockwerk? Und, wenn ja, musste er nach oben oder unten? Er entschied sich dafür, nach oben zu fahren, und drückte einen entsprechenden Knopf. Stockend setzte sich der Aufzug in Bewegung. Er machte keinen sehr stabilen Eindruck. Hoffentlich hielt er. Es gab nur einen knirschenden Boden zwischen Herrn A. und dem Abgrund des Fahrstuhlschachts. Er erinnerte sich an seinen Blick in den Fahrstuhlschacht. Der Abgrund musste sehr tief sein.

Plötzlich blieb der Aufzug zitternd stehen. Er befand sich irgendwo zwischen zwei Stockwerken. Es knackte und rumpelte. Das hatte ja kommen müssen! Der Boden gab langsam nach.

Herr A. spürte, dass er fallen würde und griff nach dem Gitter der Fahrstuhltür. Dann brach der Boden weg. Ein leises Krachen - wie ein knuspriger Keks, der zerbricht. Der Boden als Ganzes hatte sich gelöst und fiel. Trudelnd entschwand er in der Finsternis. Herr A., der nicht die Absicht hatte, ihm zu folgen, hielt sich am Gitter fest und hing jetzt in der Luft.

So schwebte er einige Augenblicke über dem schwarzen Abgrund des Schachts. Merkwürdigerweise schrie er nicht um Hilfe. Vielleicht, weil alles so menschenleer und still gewesen war, vielleicht, weil er glaubte, dass es sowieso sinnlos gewesen wäre, dass ihn niemand hören würde, vielleicht, weil ihm die Worte im Halse stecken blieben. Es dauerte nicht lange, bis ihn die Kräfte verließen. Sein Griff um die Gitterstäbe lockerte sich immer mehr, bis er loslassen musste. Ihn packte leichter Schwindel. Die Wände schienen sich zu verbiegen, aber der Abgrund blieb.

Die Sekunden vor dem Fall streckten sich wie in Zeitlupe. Es war die Trägheit der Materie, die sich langsam in Bewegung versetzte. Außerdem der Kontrast zu den immer schneller rasenden Gedanken von Herrn A., die keine Lösung fanden. Die Realität war unerbittlich. Er würde fallen. Dann war es so weit.

Die Zeit blieb stehen.

Herr A. erwachte schweißgebadet in seinem Bett. Hatte er nur geträumt? War er jetzt wach? Ja, tatsächlich, alles fühlte sich real an. Er lag in seinem Bett und neben ihm seine Frau. Sie sah ihn mitfühlend an. Er musste sie wohl mit seinem unruhigen Schlaf geweckt haben. Er fragte: „Bin ich wach?" Sie lachte und sagte: „Nein, du träumst und ich bin deine Traumfrau!" Er lächelte: „Ja, das bist du", und fühlte sich so wohl wie schon lange nicht mehr. Wie schön, noch am Leben zu sein!

Wieder Gedichte

Manchmal ist es nur das Ende, das entscheidet, ob eine Geschichte sentimental oder tragisch ist. Was passiert, wenn man bei einer tragischen Geschichte das Ende zu einem glücklichen ändert? Wird sie dann sentimental? Nehmen wir einmal Romeo und Julia.

Romeo und Julia reloaded

Zum letzten Mal umarme ich dich nun –

ach, seien wir auf ewig so vereint,

und trotzen jenem Schicksal, welches meint,

es könne immer, was es wolle, tun.

Ein Leben ohne dich, das soll nicht sein:

Entschluss gefasst – das Gift liegt auch schon da.

Dir nachzufolgen – dazu sag ich ja,

auf ewig bin ich dein und du bist mein.

Doch halt, das wollten wir ja neu gestalten:

Die Augen schlägst du auf und willst mich halten.

Ich beuge mich zu dir, dich aufzuheben.

Wie beide Sippen sich gemeinsam freuen!

Wie alle schon den alten Streit bereuen!

Die Zukunft dürfen wir zu zweit erleben.

Von der Form ein Sonett. Inhaltlich natürlich kein Vergleich mit Shakespeares Dramatik. Eben nur, wie gesagt, ein Gedankenexperiment, aber als solches ganz amüsant. Und sentimental? Das bleibt Geschmackssache.

Die Straßenlaterne

Die Straßenlaterne hält Wacht

in samtener mondheller Nacht.

Die Bank dort, sie lädt jeden ein,

ein Stündchen Clochard mal zu sein.

Zurück zu den Experimenten. Wieder experimentelle Lyrik.

Das Glück in der Lücke

vögel des himmels zelt wölbt sich mutterbauch gebiert

säuglinge(n) milch und allen den saft des lebens geben

das hamsterrad entdecken und laufen bis das Ende friert

jeder giert nach mehr lieber mal was auslassen hab mut

zur   lücke

muss   sein

sie 7.   aus

soweit   nötig

darum   liegt

das   GLÜCK   in

der   lücke

sie werden alles finden was sie sollen ist genug und gut

füllen müll in tüll gefühle mit unnützen dingen fangen

sterben und leben das karma beenden einziges streben

zu(m/r) (g)lück(e) können wir verzichten(d) gelangen

Triviales (Entschuldigung, das gehört auch dazu).

Gipfelaussicht

Ich steh auf diesem Gipfel, dreh mich um und seh,
woher ich komme und wohin ich geh.
Ich glaub, die ganze Welt zu sehen, bin berührt.
Doch weiß ich, dass der Weg nun abwärts führt.

Tulpenblüte –
meine Nase über
dem Kelch

Warum steht dieses Haiku nicht bei den Jahreszeitengedichten? Weil es nicht nur ein Frühlingsgedicht ist. Es kann auch einen anderen Nachhall haben: In einem Forum sah eine Teilnehmerin bei diesem Text die Nase des Autors über einer Pilstulpe. Prost!

Warnung: Der Humor der nächsten Zeilen könnte für manche zu derb sein. Empfindliche Gemüter sollten daher das nächste Textchen überspringen. – Na dann, wer geblieben ist, ist selbst schuld.

Murphys Gesetz

Herrn Murphy samt Gesetz nenn ich beflissen,

wenn ich schon wieder hab vorbeigesch...

Das Gleiche tu ich auch, passierts beim P...

Es ist Gesetz und rein bleibt mein Gew...

Graffiti von poetix? Gehört das hierher? Besser hierhin als an die Wände. Empfehlung: einfach vergessen!

Die experimentellen Werke waren teilweise schon unge-
reimt. Da fehlt noch ein „normales" ungereimtes Gedicht.

Gegenüber

Du sitzt mir gegenüber,

wir spiegeln uns –

mein Bild in deinem;

wir suchen einander

im Zwielicht.

Da bist du,

ich erkenne dich,

dein Gesicht leuchtet auf,

die Augen sehen mich

und freuen sich.

Meine Augen sinken

in die deinen,

tauchen ein

in deine Ruhe,

die sich langsam öffnet.

Ja, die Situation kommt herüber. Trotzdem stellt sich die Frage, ob das in Reimen nicht schöner gewesen wäre? Das ist natürlich Ansichtssache, und die Frage, ob man lieber gereimt oder ungereimt dichten solle, hat schon viele Gemüter erhitzt. Tatsache ist indes, dass poetix offenbar gereimte Gedichte bevorzugte.

Rendezvous im Schatten

Schatten unter Bäumen,
Lichter, die verwirren,
Flecken nur, die flirren,
Sommer, Wärme, Träumen.

Halt mich an den Händen -
Herzen, die sich binden ...
deine Lippen finden -
Küsse, die nicht enden.

Augenblicke bleiben,
Tropfen eigner Zeiten,
die uns nun begleiten -
lassen wir uns treiben!

Das Blasophem

In Blasen spricht das Blasophem;
es ist verwandt dem Nasobem,
das Christian Morgenstern ersann,
nur trifft man es viel öfter an.

In Comics ist es wohl zu Haus,
doch bricht es leider manchmal aus
und landet in der Politik,
gesetzt den Fall, es fehlt Kritik.

Die Blasen sind weithin beliebt,
man staunt, was es so alles gibt.
Die meisten platzen zwar am Ende,
jedoch vergisst man das behände.

Da hat jeder irgendjemanden vor Augen. Natürlich jeder einen anderen. Im Kleinen wie im Großen. Aus persönlicher Bekanntschaft oder aus dem Fernsehen. Gestern, heute und wahrscheinlich morgen. Es ist doch so: Blasensprecher gibt es überall. Die Menschen wollen von Blasensprechern geführt werden. „Mundus vult decipi." („Die Welt will getäuscht werden.") Hat poetix da eigene Erfahrungen machen müssen?

Jedenfalls scheint ihm das „Blasophem" gefallen zu haben. Warum? Weil er auch noch eine englische Version dazu geschrieben hat. Inhaltlich ähnlich, nur dass das „Blasophem" hier „Balloonophemus" genannt wird.

The Balloonophemus

The species of Balloonophemus is not new,

its members fill balloons with words instead of air,

impress the normal people, yet are half coocoo,

use empty words to brag and talk with lots of flair.

The past was owned by them, the future will be, too.

Endemic once to comics, but escaped from there,

they rule - their power is beyond most people's reach

and bursting the balloons will never end their speech.

Sechshebige Iamben, Reimstruktur abababcc mit männlichen Kadenzen. Von der Reimstruktur eine Stanze (allerdings hat diese Form meist fünfhebige Iamben und abwechselnd weibliche und männliche Kadenzen). Muss ein merkwürdiges Gefühl sein, in einer fremden Sprache zu reimen.

Als Kalligramm bezeichnet man ein Gedicht, das durch sein gedrucktes Erscheinungsbild eine Figur bildet. Alternativ kann man es Figurengedicht nennen. Hierbei wird versucht, eine Korrespondenz zwischen dem Textinhalt und dem gedruckten Erscheinungsbild herzustellen.

Auf der nächsten Seite wird ein Kalligramm von poetix präsentiert. Wenn man zunächst nicht auf den Inhalt achtet, kann man vielleicht eine Figur erkennen, eine Art Idol, neolithisch.

Der Titel des Kalligramms lautet „Venus". Das verrät natürlich schon vieles, aber es ließ sich nicht anders machen. Der Titel musste schon auf dieser Seite genannt werden, da das Kalligramm die gesamte nächste Seite füllt, so dass er dort keinen Platz mehr gehabt hätte.

Dein Gesicht will sprechen,
ohne viel zu sagen,
deine Blicke fragen,
ohne mich zu brechen.

Göttin, deine kühlen

Formen, die sich runden,

will man gern erkunden,

schauend und durch Fühlen.

Makellos, vollkommen
stehst du da, aus Stein,
willst unnahbar sein.
Höhnst du aller Frommen?

Wie sie dich verehren,

dir zu dienen eifern,

wie sie sabbern, geifern,

heimlich Sex begehren.

Schnell kann sich das wenden:
Die noch zu dir beten,
werden bald zertreten.
Grausam wird es enden.

Schicksal

Du treibst auf diesem Fluss,
dem gleißenden,
dem alles folgen muss,
dem reißenden.

Von vorne hörst du Wasserfälle tosen,
schon schwant dir Unheil und du machst dir Sorgen,
du schwimmst auf Blütenblättern rot von Rosen
vom schönen Jetzt zum unbekannten Morgen.

Die Wassertropfen schimmern:
die Haut ist leicht benetzt –
so hör doch auf zu wimmern!
Du hast ja noch das Jetzt.

Betritt den Regenbogen,
den Abgrund überwindend,
vom Himmel hochgezogen,
zuletzt dich selber findend.

Der Wahrheitsbaum

In seinem Walde steht der Wahrheitsbaum,
umgeben rings von Buchen, Tannen, Eichen.
Nach Wahrheit gräbt er tief in Erdenreichen,
nach oben reckt er sich und schafft sich Raum.

Der Boden, nein, enthält die Wahrheit kaum,
der Baum kann seine Ziele nicht erreichen.
Zwar trifft er Schemen, die der Wahrheit gleichen,
doch reine Wahrheit bleibt für ihn ein Traum.

Vergeblich will der Baum die Sonne greifen,
er lässt, was er für wahr hält, fruchtig reifen.
Zur Sonne wachsen diese Früchte nicht.

Die Blätter fangen an, weithin zu schweifen
und segeln langsam ihre großen Schleifen.
Die Sonne taucht den Baum in goldnes Licht.

Gibt es überhaupt eine absolute Wahrheit? Die Frage ruft
Kierkegaard und Wittgenstein auf den Plan. Dann fallen einem
noch Einwände wie der Vorwurf des Zirkularismus ein oder

man denkt an die Quantenlogik. Aber auch in der Lebenswelt kann es sein, dass es eine Wahrheit gibt, man sie jedoch nicht findet, weil man vor lauter Bäumen den Wald nicht sieht.

Ob es die Wahrheit gibt oder nicht, es liegt in der menschlichen Natur, nach ihr zu suchen. Man will über sie zu Höherem gelangen. Aber wo sucht man nach ihr? In der Erde? Wenn poetix die indische Philosophie mochte, könnte die Erde hier für Maya stehen, die Scheinwelt. Eine Scheinwelt mit einer Scheinwahrheit. Dann wieder ein christliches Motiv: das Sonnenlicht, die göttliche Gnade. Trotz des notwendigen Scheiterns kann das Streben nach Wahrheit richtig sein. „Wer immer strebend sich bemüht, den können wir erlösen" (Goethe). Was auch immer wir uns von der Wahrheit erhoffen, wir können es nicht verdienen, indem wir die Wahrheit finden; aber wenn wir uns um die Wahrheit bemühen, können wir vielleicht Gnade erlangen und Erfüllung geschenkt bekommen.

Frei nach Epimenides (das ist der mit den lügenden Kretern): „Die Wahrheit ist, dass es keine Wahrheit gibt" (Isaac Bashevis Singer).

Besondere Menschen

Das Bildnis der Eltern

Jetzt sehe ich es wieder,
dies Bild von irgendwann.
Ich schließe meine Lider
und seh' es trotzdem an.
Es hilft und macht mir Mut.

Die mir entgegenstrahlen,
die Züge kenn ich gut –
ich könnte sie fast malen:

Wie formten Falten sich!
Die Münder hört ich rufen,
die Augen sahen mich. –
Was diese Hände schufen!

Doch wurde mir gegeben,
was keiner malen kann:
viel Liebe und mein Leben.

Einsamer Cowboy

Die Augen hart wie Stahl,
dahinter blankes Nichts:
die Leere des Gesichts.
Das Lächeln wird zur Qual.

Und wieder musst du reiten ...

Wovor läufst du nur weg,
vorbei an Berg und Tal
in endlos karge Weiten?
Du nimmst ihn mit, den Dreck.

Dein letzter Ritt hat Zeit,
er wartet schon so lang.
Doch dann - es ist so weit:

... dein Sonnenuntergang.

"Yipie I oh, yipie I ay!" (Johnny Cash / Ghost Riders in the
Sky) - Und Elvis sang: "Gotta rope and tie that dream of mine."
Auch Lucky Luke fällt einem ein. War poetix ein einsamer
Wolf, meinte er sich selbst mit dem Cowboy, war das Selbstiro-

nie, Problembewältigung oder sprach er von jemand anderem, machte er sich über einen verbissenen Kämpfer lustig?

Das Gesicht

Ist das mein Gegenüber?
Ein seltsames Gesicht!
Das Tageslicht wird trüber,
so recht seh ich es nicht.

Ein leises Lächeln streift
die Züge, die erwachen,
sobald ein Schmunzeln reift;
doch wird es nicht zum Lachen.

Verschmitzt der Blick am Ende,
er schwimmt im Ungefähr,
und ginge durch die Wände,
wenn da kein Spiegel wär.

Ach soooo.

Immerhin erfahren wir, dass poetix lieber geschmunzelt hat als gelacht, also eher der leise Typ war als der laute. Ein bisschen verschmitzt, insgesamt aber wohl unauffällig, sonst wäre mehr erwähnt worden.

Noch ein Limerick.

Überstürzte Hochzeit

Zur Hochzeit lädt Friedrich aus Hagen,

er kann kein Warten ertragen.

Für alle gibt's Essen,

nur hat er vergessen,

die Frau überhaupt mal zu fragen.

Man denkt an Friedrichshagen, an Gunther und Brünhild und das war's dann schon.

Was bedeutet „Zeit" für poetix?

Zeit bestimmt unser Leben. Manche empfinden sie als unbarmherzig, andere als vielversprechend. In poetix' Gedichten spielte sie eine große Rolle. Warum? Weil er sich der Endlichkeit der ihm zur Verfügung stehenden Zeit bewusst war? Weil ihn der Übergang von der Vergangenheit zur Zukunft faszinierte? Sehen wir uns an, was er dazu schreibt.

Zunächst ein Gedicht über die Zeit, zu dem poetix auch ein dazugehöriges Essay verfasst hat. Ist das überflüssig? Nicht, wenn er uns auf eine höhere Ebene mitnimmt, etwas aussagt, das über das im Gedicht Gesagte hinausgeht. Das Thema ist die Struktur der Zeit und poetix hat versucht, einen Bezug zwischen dichterischen Chiffren und der modernen Physik herzustellen. Das könnte durchaus Anlass für ein Essay sein. – Physik!? Hatte poetix etwas mit Physik zu tun? War das womöglich sein Beruf? Wie er die beiden Gebiete, Physik und Dichtung, miteinander verbunden hat, darauf darf man gespannt sein.

Die schäumende Zeit

Mit dir zusammen sein –

wie brennen deine Gluten!

Mich packt ein wilder Rausch,

die Zeit stürzt krachend ein,
verwirbelt mich in Fluten,
die Welt blitzt auf im Tausch.

Die Augenblicke rasen
und platzen wie die Blasen.
Kaum da und schon vorbei,
aus einem werden zwei.

Vergangenheit der eine,
der zweite ist das Jetzt.
Sie sprudeln um die Wette
und bilden eine Kette.
Mein Schicksal wird ersetzt,
das deine wird das meine.

So perlt die Zeit und schäumt,
berauschend schmeckt sie mir.
Ich teile sie mit dir –
das ist doch nicht geträumt?

Die schäumende Zeit – Parallelen zwischen der kognitiven Erfahrung des Augenblicks und der modernen Physik

Ein Essay

Kann Zeit schäumen? Kann man sie überhaupt wahrnehmen? Kann man nicht, sagt Kant. Nach seiner „Kritik der reinen Vernunft" gehört die Zeit zu den reinen Anschauungsformen, ist selbst also keine Wahrnehmung. In unserer psychischen Realität glauben wir aber, sie wahrzunehmen. Ein Beispiel: Von Thomas Mann wird im „Zauberberg" beschrieben, dass die Zeit subjektiv schneller oder langsamer vergehen kann, je nachdem, ob man an etwas interessiert ist oder sich langweilt. Einstein dazu: „Wenn man zwei Stunden lang mit einem Mädchen zusammensitzt, meint man, es wäre eine Minute. Sitzt man jedoch eine Minute auf einem heißen Ofen, meint man, es wären zwei Stunden." In unserer psychischen Realität existiert also eine Auffassung von Zeit, die sich in der erkennbaren äußeren, der physikalischen Welt nicht widerzuspiegeln scheint.

Wenn man Zeit wahrnimmt, macht sich eine merkwürdige Eigenschaft bemerkbar: Sie scheint in Augenblicke strukturiert zu sein. Wie eine Perlenschnur. Sie perlt. Das ist ein Phänomen, das neuropsychologisch gut untersucht ist. Zeitintervalle, die wir als solche gerade noch wahrnehmen können, haben Dauern im Hundertstel- bis Zehntelsekundenbereich. Das Zeitintervall, das man neuropsychologisch als Gegenwart wahrnimmt, dauert um die drei Sekunden lang und zerfällt in etwa hundert kleinste Teile. Ob man die Gegenwart oder einen ihrer Teile als „Augenblick" auffassen will, ist nicht definiert und bleibt dem jeweiligen Sprachgebrauch überlassen.

In der Physik wird die Zeit meist als kontinuierlich voranschreitend angenommen. Meist, aber nicht immer. Die Zeit zu „körnen", sie in kleinste unteilbare Einheiten aufzuteilen, erinnert an die Quantentheorie. Schon seit einiger Zeit wird im Rahmen dieser Theorie darüber diskutiert, ob man nicht die Zeit körnen müsste. Es ist in der Tat bekannt, dass es im Prinzip ein kleinstes Zeitintervall gibt, das mit keinen Mitteln mehr aufgelöst werden kann: die Planck-Zeit.

Man gelangt zu diesem Begriff, indem man an die Grenzen der menschlichen Erkenntnis geht. In der Physik gibt es nämlich mindestens zwei solche Grenzen: zum einen die quantenmechanische Unschärfe. Sie sagt uns, dass wir nicht alle physikalischen Größen gleichzeitig mit beliebiger Genauigkeit messen können. Zum anderen kennen wir die Unmöglichkeit, Informationen aus dem Inneren eines schwarzen Loches zu erhalten. Die Kombination dieser beiden Unmöglichkeiten menschlicher Erkenntnis führt zur Planck-Zeit. Diese Zeit ist allerdings so aberwitzig kurz, dass wir die Körnung niemals wahrnehmen könnten. Das heißt, die kognitive Körnung der Zeit ist rein psychisch bedingt. Die Parallelität zur Physik gibt trotzdem die Frage nach dem „Warum" auf.

Zunächst: Wir haben gesehen, dass Zeit perlen kann. Aber schäumen? Da fehlt noch eine Zutat: die „Entfaltung von Welten". Dies ist eine Situation, wie sie in der Everett-Interpretation der Quantenmechanik postuliert wird. Bei jeder Wechselwirkung eines denkenden Wesens mit einem Objekt spaltet sich nach dieser Interpretation die Realität auf, je nach dem Ausgang der nicht vorhersagbaren Wechselwirkung: Jede mögliche Realität wird auch verwirklicht, und zwar in dem entsprechenden Universum. Was für ein Bild: In jedem Augenblick eine

Vielzahl von neuen Universen zu öffnen! So entstehen Myriaden von Universen. Daher das Schäumen. Es gibt allerdings einen Wermutstropfen: Die Universen können nicht miteinander wechselwirken, können demnach auch nichts voneinander wissen. Das bedeutet, dass wir auch diesen Effekt, die Entfaltung von Welten, nicht wahrnehmen können. Es gibt ihn nur in der physikalischen Theorie. Kann man dann sagen, dass die Zeit schäumt? Dazu müsste es wiederum ein entsprechendes interindividuell vermittelbares Phänomen in unserer Psyche geben.

Der Schlüssel liegt in der Umkehr der Reihenfolge: Nicht die physikalischen Theorien erklären unsere psychische Realität, sondern unsere psychische Realität erklärt die physikalischen Theorien. Wie Heisenberg sagte: „Wissenschaft wird von Menschen gemacht." Und Menschen können nur Begriffe ausarbeiten, die in irgendeiner Weise schon in ihnen angelegt waren. Dazu auch Goethe: „Wär nicht das Auge sonnenhaft, die Sonne könnt es nie erblicken..." Die Grundbegriffe physikalischer Theorien stecken schon tief in unserer Denkweise, evolutionsbedingt. Wir kennen sie aus unserer psychischen Situation und sie gehen den Theorien voraus, ohne dass wir uns dessen bewusst wären. Sie gründen in unserem kollektiven Unbewussten. Da kommen übrigens auch die dichterischen Chiffren her und deshalb werden sie verstanden. Die Existenz der entsprechenden physikalischen Theorien bietet den Beweis, dass das Schäumen der Zeit im kollektiven Unbewussten angelegt ist und somit eine interindividuelle Empfindung, eine gültige Chiffre, sein kann. Die Chiffre von der schäumenden Zeit umfasst natürlich mehr als das. Das gilt es zu erspüren. Aber wir wissen, dass dieses Erlebnis uns allen gemeinsam ist. Lassen wir uns also die Zeit wie Champagner schmecken!

So weit der Essay.

Eigentlich ist damit alles gesagt. Was bleibt übrig, wenn man die Physik aus dem Gedicht herausnimmt? Zunächst die Einsicht, dass man dichterische Chiffren nicht auf gut Glück aus dem Wörterbuch herauspicken sollte, dass sie eine Berechtigung habe sollten, es muss ja nicht immer eine physikalische Begründung dahinter stehen. Und dann – natürlich – ein Liebesgedicht!

Liebe und Zeit – das gehört zusammen. „Liebe ist Vorwegnahme des Endes im Anfang, daher Sieg über das Vergehen, über die Zeit, also über den Tod."(Hugo von Hofmannsthal). (Fast) alle Menschen glauben an die ewige Liebe und suchen sie. Zwar weiß man, dass die Liebe sich im Lauf der Zeit wandelt, und doch: Man spürt, dass man, wenn man liebt, Teil hat an etwas Überzeitlichem. Den Wandel empfindet man als ein Wachsen, ein Zunehmen der Qualität der Liebe, von der man sich sicher ist, dass sie die ganze Zeit vorhanden ist. Dieses Andauern und Sich-verstärken der Liebe hofft man nie zu verlieren, ja, man erwartet sogar, dass dieses Gefühl in irgendeiner Weise den Tod überdauert. Das klang schon im Aufsatz „Atmanau" an. Trotzdem: Wie genau das geschehen soll, weiß man nicht, muss Zuflucht zu Gleichnissen nehmen.

Philemon und Baucis

Was Götter ehren,
die Bäume sagen
und Mythen lehren
von alten Tagen,
wirst du dich fragen:

Liebe!

Das kann es geben:
einander zu
sich traulich neigen,
in tiefer Ruh
das Schicksal teilen:

Liebe!

Im Tod noch leben –
wie Eiche und Linde
in tiefem Schweigen
für immer verweilen:

Rinde an Rinde.

In der Story bezog sich poetix auf die antike Sage von Philemon und Baucis, einem alten Ehepaar, dem aufgrund seiner Gastfreundlichkeit von den Göttern der Wunsch gewährt wurde, sich nie trennen zu müssen, und die beide zur gleichen Zeit sterben durften. Nach ihrem Tod verwandelten die Götter die Eheleute in nebeneinanderstehende Bäume, Philemon in eine Eiche und Baucis in eine Linde. Eigentlich eine Liebesgeschichte, aber doch mit einem Bezug zum Überzeitlichen, dem Bleiben der Liebe.

Wenn Zeit begrenzt und somit kostbar ist, warum vergeuden wir sie dann manchmal? Sollte man nicht seine ganze Zeit mit dem geliebten Menschen verbringen? Natürlich, das tägliche Leben lässt das nicht zu. Wenn man den Alltag meistern will, muss man ökonomisch mit seiner Zeit umgehen – ökonomisch, aber nicht knausrig. Der Mensch braucht die Muße genauso wie den Schlaf. Im Schlaf entfaltet sich sein Unterbewusstsein, in der Muße seine Kreativität. Auf das richtige Verhältnis von Anstrengung und Entspannung kommt es an. Geben und Nehmen, Einatmen und Ausatmen. Ohne den Wechsel ist beides für sich sinnlos. In der Muße reift die Seele, verarbeitet die Ergebnisse der Arbeit. Diese Reife ist Voraussetzung und Anfangspunkt der meisten bedeutsamen Werke. „Das meiste haben wir gewöhnlich in der Zeit getan, in der wir meinten, zu wenig zu tun." (Marie von Ebner-Eschenbach).

Nehmen wir einmal an, dass poetix wirklich Physiker ist/war. Dann hätte er ziemlich viel unter einen Hut bringen müssen: Familie, Beruf, Dichtung … Bleibt da noch Freizeit, Leerlauf? Vertrieb er sich die Zeit? Wenn ja, womit? Tatsächlich erzählt er auch davon und wir erfahren, was er tat, wenn er gerade nichts tat.

Einfach nur da sein

Zu sein statt nicht zu sein –
ich wackle mit dem Bein
und denk so vor mich hin.
Zwar scheint mir alles klar,
doch ist es sonderbar –
es kommt heraus: Ich bin.

Ich kann es gar nicht fassen,
möcht alles andre lassen,
nur fühlen und ich liebe,
umarme diese Welt,
die mir so gut gefällt,
in der ich gern noch bliebe.

Oh, gib mir Zeit, du Macht,
die mich hierher gebracht,
damit ich diese Gabe
in Ruhe nutzen kann,
bis schließlich irgendwann
ich keine Lust mehr habe.

Einer bezeichnete das Gedicht als infantil. Dem wurde von anderer Seite widersprochen und darauf hingewiesen, dass Matthias Claudius in seinem Gedicht „Täglich zu singen" in ganz ähnlichem Stil und mit ähnlicher Thematik Sozialkritik transportiert habe. Es sei unbefangen, ohne jede Schwülstigkeit.

Geschenkte Zeit

Erst droht das Zeitversiegen ...

doch dann: ein Zeitgeschenk,

das lässt wohl keiner liegen.

Ich nipp an dem Getränk,

das man mir da kredenzt,

und sammle Stunden ein.

Wird Leben so ergänzt?

Da fühlt man sich ganz klein,

genießt nur das, was geht –

für vieles ist's zu spät.

Wie kindisch alle Sorgen!

Ich spüre Dankbarkeit

für die geschenkte Zeit.

Was kümmert mich das Morgen!

Die Angst, das Zeitliche zu segnen, wer hat die nicht schon einmal gehabt? Das führt zum klassischen Memento-mori-Motiv. Nur gehört dazu auch „poenitentiam agite" („tut Buße"). Und was hat poetix daraus gemacht? Er wollte die verbliebene Zeit genießen! Auch eine Möglichkeit.

Mehr zum Thema Existenzangst:

Schiffbruch

Alle Lichter warnen, blinken –

Felsen, die Metalle schrammen.

Muss ich, Meer, in dir versinken?

Zitternd breche ich zusammen.

Wer soll jetzt das Großschot fieren?

Mayday! – Es hat keinen Sinn.

Diesen Kampf muss ich verlieren,

gebe mich der Tiefe hin.

Kann man denn da unten leben,

von den Wogen überrollt?

Das ist mir jetzt aufgegeben –

irgendwer hat's so gewollt!

Das Gedicht beschreibt den Kampf des Menschen um sein Leben, gekleidet in eine nicht ganz ernst gemeinte Metapher, schließlich die Kapitulation, das unausweichliche Ende, vor dem man Angst hat, von dem man aber nichts weiß. Wenn man beim Lesen mit den Augen zwinkert, erkennt man den schwarzen Humor.

Mutter Zeit

Schon rufst du wieder, Mutter Zeit,
und nimmst mich sicher an die Hand,
mich führend durch dein großes Land,
zur Einkehr, Umkehr nie bereit.

Halt, warte, eile nur nicht so,
noch will ich bleiben und nicht gehn.
Ja, kannst du das denn nicht verstehn?
Das Jetzt lieb ich, umarm es froh.

Dass du nur immer weiter reist!
Und ziehst mich ständig mit dir fort
von jedem je geliebten Ort.
Auch mich formst du in diesem Geist.

Als ob es ohne dich nicht ginge!

Doch streb ich, von dir frei zu sein;

denn einmal lässt du mich allein,

erlöst, am Ende aller Dinge.

Wünscht sich nicht jeder einmal, die Zeit anzuhalten, wenn es am schönsten ist? Wann ist es am schönsten? Dann, wenn es davor und danach nicht so schön ist. Das bleibt jedoch dem Irrealis der Vergangenheit vorbehalten. (Wenn die Zeit damals stehengeblieben wäre, ...) Den Optativ (möge die Zeit stehenbleiben) kann man in der Gegenwart benutzen, wenn es schöner ist als je zuvor. Hielte man dann die Zeit an, würde man zwar Verschlechterungen verhindern, ebenso aber auch weitere Verbesserungen. Das Gehirn versagt dem Menschen allerdings in solchen Momenten die Vorstellungskraft und lässt ihn glauben, es könne schöner nicht mehr kommen. Leider sind die Menschen so konstruiert, dass sie diesen Zustand nicht halten können. Selbst wenn die Welt in so einem Augenblick stehenbleiben würde, die subjektive Zeit würde weiterlaufen und das Gehirn den Stillstand zunehmend negativ bewerten.

Die Zeit wird uns nicht nur von außen aufgezwungen, sie läuft auch in uns und es sind nun einmal ihre Eigenschaften, nicht stehenzubleiben (Einkehr) und nicht die Richtung zu wechseln (Umkehr). Das ist so unmittelbar klar, dass man nicht bemerkt, dass wir hier zwanghaft „an der Hand" geführt werden. Wir sind so, müssen so sein. Lernen wir das am Anfang unseres Lebens und verinnerlichen es dann immer mehr, bis

117

wir es anders gar nicht mehr denken können? „Auch mich formst du in diesem Geist."

„Als ob es ohne dich nicht ginge!" Dieser Ausruf ist provokativ. Die Zeit gehört doch zu den Anschauungsformen und ist somit unlösbar mit unserem Menschsein verknüpft. Wie kann es dann ohne sie gehen? Am Ende (Tod oder Harmagedon oder was auch immer) ist unser Menschsein beendet und es gibt keine Zeit mehr. Gibt es uns dann noch? Der Text suggeriert diese Hypothese. Es gibt uns, aber nicht mehr in unserer jetzigen Form. Mit dem Satz „doch streb ich, von dir frei zu sein" stellt sich die Frage, ob sich die Zeit auch durch lebende Menschen überlisten lässt. Es gibt ja gewisse Meditationstechniken, die das anstreben. Im Buddhismus und im Yoga ist es geradezu Ziel, sich durch Meditationstechniken aus seinem irdischen Menschsein, beschränkt durch Raum und Zeit, zu befreien und so direkt ins Nirvana oder dergleichen zu gelangen.

War poetix Buddhist oder ging es ihm um die Aussage, dass der Mensch nach seinem Tod von der Zeit wie auch vom Raum und von den Kategorien befreit ist. Machte er aus seinem Nichtwissen über das Jenseits eine Aussage? Sozusagen eine Negativaussage mit positiver Interpretation: So, wie wir es uns vorstellen können, wird es nicht sein (aber besser).

Der Sinn des Lebens

Ehrfurcht

Suchen wir ein übergroßes Sein,
ehren unbestimmt erspürte Macht?
Oder fühlen wir uns nur ganz klein,
suchen Trost und Halt in dunkler Nacht?

Jeder erfährt dieses Sehnen,
keiner versteht es beizeiten.
Soll das Verstehen sich dehnen,
muss das Gefühlte uns leiten.

Offenbar ein innerer Dialog, die erste Strophe fragend, die
zweite antwortend, die erste in Trochäen, die zweite in Dakty-
len. Es geht hier ganz eindeutig nicht um die Ehrfurcht vor ei-
nem Menschen, sondern vor einer höheren Macht, die wir un-
bestimmt erahnen. Er (poetix) fragt sich, ob es wirklich Ehr-
furcht ist, die er spürt, oder nur das Gefühl der Machtlosigkeit,
der Kleinheit im Irdischen. Die Frage beantwortet sich eigent-
lich selbst: Wir fühlen uns klein, eben weil wir die Größe jener
Macht spüren. Der Text geht daher gleich zur Erklärung über:
Dieses Sehnen ist uns Menschen allen mitgegeben. Wir können
es erfühlen, auch wenn das Verstehen noch nicht so weit ist.

Damit hat poetix unsere Situation im Glauben beschrieben. Man spürt diesen unbestimmten Glauben. Wir wünschen zu glauben, können aber nicht fassen, was es ist, was wir glauben wollen, weil unser Verstand es nicht hergibt. In der Hinsicht war poetix anscheinend überzeugt, sich mit den meisten einig zu sein. Das ist die Sache mit dem Gottes-Gen (Dean Hamer). Der Wunsch zu glauben ist den Menschen genetisch mitgegeben, nicht aber sind es die Inhalte.

Wenn man eine agnostische Position wie die oben angedeutete ernst nähme, wäre man eigentlich frei, die bestehenden Systeme je nach Gusto umzuformulieren, neue Thesen aufzustellen, ohne ihnen indes Bedeutung zuzumessen. Ist das zynisch? Eher humorvoll. Es schließt ja nicht aus, dass man weiter nach Glauben strebt.

Die Schöpfung der Welt wird in allen Kulturen durch Mythen beschrieben, die meist mit der modernen Naturwissenschaft nicht genau übereinstimmen. Ähnlich ist es mit der biblischen Version. Man kann sie vertreten, wenn man sie nicht wörtlich nimmt, sondern als Gleichnis. Wie weit kann man so ein Gleichnis strecken? Wie wäre es mit einem Mythos, in dem Gott diese Welt nur als eine vorläufige geschaffen hat, die er mit göttlichem Licht erhellt, damit zwar verbrennt, aber aus der Asche neu und vervollkommnet wieder erstehen lässt (Anleihe beim Phönix-Mythos)?

Solarisation

Engel sind hell und wir können des Lichtes so viel nicht ertra-

gen.

Luzifers Wesen, noch heller als hell, muss uns dunkel erschei-

nen.

Ihn hatte Gott einst gesandt, um das Licht in die Welten zu

bringen,

lange bevor er den Menschen erschuf und das Gute und Böse.

Göttliches Licht ist es, das auf uns kommt - es wird alles ver-

brennen.

Neu aus der Asche ersteht nur durch Gnade die Menschheit

verbessert.

Ungereimt. Die Metrik (Hexameter) suggeriert eine gewisse Feierlichkeit, passend zu einem Mythos. (Erinnert an Rilkes Duineser Elegien.) Unter Solarisation versteht man in der Analogfotografie den paradoxen Effekt, dass extrem helle Objekte (z. B. die Sonne) im Positiv dunkler erscheinen als ihre Umgebung. Dieser Begriff wurde von poetix auf die Psychologie, die Wahrnehmung der Figur des Luzifer in unserer Kultur übertragen. Er ist eine (hypothetische) Erklärung dafür, dass der Lichtengel Luzifer oft für dunkel gehalten wird. Die gängige Identifizierung Luzifers mit dem Bösen geht übrigens nicht auf die Bibel zurück, sondern stammt von Origines, der sie im dritten Jahrhundert aus dem antiken Mythos von Phaeton ableitete. Beim Verbrennen der Welt klingt der Begriff der Solarisation ein zweites Mal an – eine „tödliche Überbelichtung", auch hier wieder das Helle, das für bedrohlich gehalten wird, obwohl es die Erlösung bringt. Das Ganze ist insgesamt ein positiver Mythos, mit sehr lockerem Bezug zu gängigen Glaubensinhalten, aber solange man das Ganze nicht zu ernst nimmt, ist es wohl erlaubt.

Es ist trotzdem noch viel zu rational. Wie wäre es mit einer, sagen wir, mehr benebelten Sicht auf das Thema?

Rauchgebet

Wie der Rauch sich kringelt,
Traum vom Irgendwann,
der am Joint sich ringelt,
alles werden kann,

trägt mich in den Himmel,
unter mir die Erde:
was für ein Gewimmel –
mach, dass was draus werde.

Darum will ich bitten,
wen, das weiß ich nicht,
schwank mit bangen Schritten
in das große Licht.

An der Stelle wäre es wohl nicht verkehrt, doch zwischen poetix und seinem lyrischen Ich zu unterscheiden. Dass poetix gekifft hätte, passt so gar nicht in das Bild, das sich bisher entfaltet hat. Wahrscheinlich ist, dass er sich diesen Zustand nur vorgestellt hat. Offenbar nahm er an, dass man in diesem Zustand eine höhere Macht durchaus noch anbetet, aber an ihrer Erkenntnis gar nicht mehr interessiert ist. So etwas ließe sich sicher auch durch Alkohol erreichen, aber der Rauch wird poetix als das anschaulichere Bild erschienen sein als der Rausch.

Sein und Vergehen

Was soll nur werden, was, aus unserm Sein?

Das Sein vergeht, das sich ins Meer ergießt,

wo schließlich alles Menschliche zerfließt.

Denn dies verteilt sich mehr mit jeder Welle,

zu Wasser wunderwandelt sich der Wein.

Beschritten ist der Weg vom Ich zum Wir,

das will man nicht und klammert sich ans Hier.

Mein enger Geist! – Es ist so schwer zu fassen:

Am Ende kehren wir zurück zur Quelle,

doch müssen wir erst alles gehen lassen.

Da wurde die Vedanta-Philosophie mit Christlichem vermischt (Wandlung von Wasser zu Wein, nur umgekehrt).

Das Grau

Apoll kämpft gegen Nyx:
Wenn er den Kampf verliert,
umgibt uns bald der Styx,
wie Tag die Nacht gebiert.

Es unterliegt der helle
dem andern, dunklen Drang.
Entsprungen einer Quelle,
vereint sich Yin mit Yang.

Aus beiden wird ein Grau,
bekannt vom Anfang her,
es wabert ungenau,
kennt keine Zwietracht mehr.

Ist dieses Grau das Ziel,
der Sinn, der so geheime,
in unserm Lebensspiel,
verlassen mich die Reime.

Trost

Die hohen Mächte, die
uns Glück und Leid erschufen,
sie hören, wenn wir sie
in Not zu Hilfe rufen,
weil einer zu sehr litt,
und geben dies uns mit:

Das Leid muss überquellen,
damit der Trost entsteht.
Dann kommt der Trost in Wellen.
Nicht, dass es besser geht,
ein Zeichen nur der Welt,
dass sie sich weiter dreht
und vorerst nicht zerfällt.

Man spürt im Trost die Macht,
an die man nicht mehr glaubte,
belächelt, was bei Nacht
den Schlaf so lange raubte.

Ob poetix irgendwann Trost gesucht oder Trost gespendet
hat? Hört sich nach Schadewaldt an („Sophokles und das

Leid"): Das Leid muss übergroß werden, um den Menschen auf seine reine Existenz zurückzuwerfen und die Katharsis einzuleiten.

Was zu sagen bleibt

Einiges wurde über poetix enthüllt. Dennoch: Wo er lebte oder lebt, blieb bislang im Dunkel. Es soll indes nicht verschwiegen werden, dass es eine Spur gibt, und zwar eine Inschrift von poetix auf einer virtuellen Toilettenwand (nochmals Graffiti). Fragen Sie lieber nicht, was eine virtuelle Toilette ist, vorgefunden wurde nur die zugehörige Wand, als Forum für Latrinalia im Internet. Dort stand:

poetix was here,

got rid of his beer.

(poetix war hier, wurde sein Bier los.) Vordergründig klar, nach dem Motto CICO (Coffee In, Coffee Out). Aber vielleicht steckt mehr dahinter, womöglich eine Nachricht von poetix an einen unbekannten Leser? Handelt es sich um eine verschlüsselte Botschaft? Bier könnte eine Metapher sein. Das hieße ausformuliert: poetix war hier (in diesem Forum) und hätte etwas hinterlassen, was sich mit „Bier" umschreiben lässt. Was soll das gewesen sein? Am wahrscheinlichsten ist eine weitere Nachricht, die ihm ohne diesen Hinweis nicht zuzuordnen gewesen wäre. Der Hinweis zur Auffindung dieser weiteren Nachricht wäre das Wort „Bier". Die Nachricht könnte demnach irgendetwas mit Bier zu tun haben oder sich einfach auf Bier reimen.

Das Einzige, was in diesem Forum annähernd passte, war dies:

Sei doch um vier

bei jenem Tier,

das niemals jung

war, nie gab Dung.

(Reim auf Bier!) Was soll das bedeuten? Offenbar eine Verabredung zu einem Treffen, aber wo? Das ist sicherlich eine Lokalinformation, aber ohne zufällige Ortskenntnis kaum zu knacken. Des Rätsels Lösung: Gemeint sein kann nur das Ochsenportal an der Fleischbrücke in Nürnberg. (Inschrift unter dem Ochsen: „Omnia habent ortus suaque incrementa sed ecce quem cernis nunquam bos fuit hic vitulus."= „Alle Dinge haben Anfänge und ihre Zuwächse, doch sieh: Niemals ist der Ochse, den du hier siehst, ein Kalb gewesen.") Das würde einen Sinn ergeben und man könnte poetix in Mittelfranken verorten, zumindest zum Zeitpunkt dieses Postings.

Aber zurück zu seiner Tätigkeit als Dichter. Wie kam er mit seinem Dasein im Internet zurecht? Wie wurde er mit dieser Situation fertig, damit, dass er keinen kommerziellen Erfolg hatte? Tröstete ihn, dass er dieses Schicksal mit den meisten zeitgenössischen Dichtern teilte? Auch darüber hat er sich geäußert.

Sternengesänge

Will denn mein Lied keiner hören?
Liebste, selbst du willst es nicht!
Dich wollt ich immer betören,
tags und im Sternenlicht.

Sternen nur will ich noch singen,
was zu singen ich hab.
Darf dieses Ständchen ich bringen,
nehm' ich das Lied mit ins Grab.

Die Metrik, dreihebige Daktylen mit abwechselnd weiblichen und männlichen Kadenzen, unterstreicht den klagenden Ton des Gedichts. Ein Klagelied? Manchmal fühlt man sich als Dichter nur von den Sternen verstanden.

Noch ärgerlicher ist es, wenn man einerseits nicht anerkannt, andererseits aber doch kopiert wird, sei es absichtlich oder unabsichtlich. Es ist ja in der Dichtung nicht wie in der Wissenschaft, wo die Kunst des Zitierens gepflegt wird. Oft wird ein Gedicht zum Anlass genommen, es selbst besser zu machen. Vergessen wird dann manchmal, woher die Idee stammte. Soweit die Texte gedruckt vorliegen, lässt sich das dann zwar noch nachvollziehen, aber interessieren tut es kaum einen. Noch schlimmer ist es mit mündlichen Äußerungen. Nehmen wir nur einmal die Witze. Diese haben auch ihre Urheber, und doch wird nie einer genannt. Dazu ein Limerick.

Der versaute Witz

Gesucht war ein Witz, der versaut.

Da hat sich der Heiner getraut,

erzählt einen guten –

das Herz muss mir bluten:

Den Witz hat der Kerl mir geklaut.

Man darf nicht den Fehler machen, einen Limerick mit der Wirklichkeit zu verwechseln. Überhaupt: Etwas Anerkennung scheint auch poetix schließlich bekommen zu haben, wenn man dem trauen darf, was er im Folgenden dazu geschrieben hat.

Anerkennung

Da steh ich nun und dichte
und singe meinen Song
im Schummerdämmerlichte
grad unter dem Balkon.

Ich dacht, es wär nicht übel,
doch gibt es kein' Applaus -
stattdessen lehrt man Kübel
mir überm Kopfe aus.

Ich frag: „Ist das verdient,
dass man mich so begoss?"
Doch sieh nur: Alles grient –
Champagner war's, der floss.

Uff, das ging ja noch gut aus. Trotzdem: Vielleicht war das Anlass für poetix, sich ganz allgemein Gedanken über seine Dichtkunst zu machen.

Zu viel für zwischendurch

Ein kleines Häppchen zwischendurch:
Der Storch nimmt gern mal einen Lurch,
ein Text darf es beim Menschen sein;
er schärft den Geist und macht ihn fein.

Nur darf man diesen Text nicht strecken,
sonst würde er verwässert schmecken;
gekürzt und schmerzlos mag man's gern,
auch sei das Thema nicht zu fern.

Nun wollte ich das auch versuchen,
doch hört ich bald die Leser fluchen:
Das solltest du für dich behalten,
ganz anders muss man es gestalten!

Für zwischendurch war's wohl zu viel -
ich seh es trotzdem nur als Spiel.
Drum gilt: Auch wenn man mich verlacht,
es hat mir großen Spaß gemacht.

Da kann man poetix nur beglückwünschen. Er hatte Spaß beim Schreiben. Was will man mehr, was sonst erwartet man vom Schreiben? Man will ja nicht die Welt verändern. Und das ist gut so. Zwar haben einige Schriften die Welt verändert, doch hatten die Autoren später keinen Einfluss mehr darauf, wie das geschah. Es gab durchaus Fälle, in denen einer bereut hat, geschrieben zu haben, was er geschrieben hatte, weil er mit der Entwicklung nicht einverstanden war.

Wer vorgeblättert hat, um das Ergebnis dieser Recherche zu erfahren, wird enttäuscht sein. Das meiste ist schon gesagt worden, zumindest das, was gesagt werden sollte. Es sind die vielen kleine Mosaiksteinchen, die ein Bild ergeben sollten, ein Bild allerdings, das sich nicht mit wenigen Worten zusammenfassen lässt, und das erst im Kopf des Lesers als Ganzes entsteht; denn Aristoteles wusste: Das Ganze ist mehr als die Summe seiner Teile.

Eines kann vielleicht doch noch als Resümee festgehalten werden: Die Gedichte sind alle in der Weise traditionell, dass sie zumindest jeweils ein Thema haben. (Das ist in der modernen Dichtung nicht mehr selbstverständlich.) Es gibt etwas, worüber gesprochen wird, und man kann vermuten, dass es mit dem Autor und seinem Leben zu tun hat. Daher ließ sich auch im Verlauf unserer Recherche einiges über den Autor herausfinden. Dadurch haftet den Gedichten etwas Lebensnahes an.

Es wurde schon gesagt, dass poetix gar nicht so untypisch ist für eine neue Generation von Dichterinnen und Dichtern. Viele von ihnen finden mit dem Internet ein Medium, sich zu äußern.

Viele schreiben wie poetix traditionell (nicht alle). Manche sind erfahrene Dichter, manche sammeln noch Erfahrungen, aber alle engagieren sich und alle haben Spaß bei der Sache. Es lohnt sich durchaus, sich auf den einen oder anderen einzulassen. Die allermeisten von ihnen sind echte Dichterinnen und Dichter; da ist es egal, ob und, wenn ja, wo sie publizieren. Das würde ja nur die Präsenz am Markt betreffen. Soll der Markt die Einschätzung einer Person bestimmen? Tut er oft genug, aber diesen von ideellen Werten geprägten Bereich, die Lyrik, will doch keiner den Kräften des Marktes allein überlassen! (Dann gäbe es wahrscheinlich gar keine zeitgenössische Lyrik mehr.) Wir können froh sein, dass es einen Freiraum des Idealismus in dieser Form gibt – mit Dichterinnen und Dichtern, die nicht gewinnorientiert schreiben, sondern aus Begeisterung. Sie verstehen ihr Handwerk und sie schreiben mit Herzblut; darauf kommt es letztlich an.

Gerade jene verdienen Anerkennung, die im stillen Kämmerlein Gedichte schreiben, die niemand je zu lesen bekommt. Sie sind Idealisten. Ist ihre Arbeit umsonst? Nein. Das Dichten tut gut. Es ist schön, etwas Gelungenes zu formulieren, selbst wenn es nur die Sterne hören. „Der Weg ist das Ziel." (Konfuzius wird diese Weisheit normalerweise zugeschrieben, wörtlich überliefert ist sie nicht.)

Noch ein letztes Wort zu poetix: Seine Tagline in den Foren lautete: „Lineam rectam sequere", zu Deutsch: „Folge der geraden Linie!" bzw. „Sei in deinem Charakter geradlinig!" Interessanterweise ist dieser Satz im Lateinischen selbstbestätigend; denn „rectus" heißt nicht nur „gerade", sondern gleichzeitig auch „richtig". Also ist die gerade Linie rein sprachlich gesehen auch die richtige, der gerade Weg der richtige.